# A LOGÍSTICA NO E-COMMERCE BRASILEIRO

# A LOGÍSTICA NO E-COMMERCE BRASILEIRO

## Do clique à entrega: Análise e perspectivas do setor de Transporte no Comércio Digital

**Bruno Batista**
Diretor Executivo da CNT

**Elaine Radel**
Gerente Executiva da CNT

**Tiago Veras**
Analista da CNT

**Felipe Amaral**
Analista da CNT

ALTA BOOKS
GRUPO EDITORIAL
Rio de Janeiro, 2024

# A Logística no E-Commerce Brasileiro



ISBN: 978-85-508-2153-5

Impresso no Brasil — 1ª Edição, 2024 — Edição revisada conforme o Acordo Ortográfico da Língua Portuguesa de 2009.

**Dados Internacionais de Catalogação na Publicação (CIP)**
**(Câmara Brasileira do Livro, SP, Brasil)**

A logística no e-commerce brasileiro / Confederação Nacional do Transporte ; organização Elaine Radel...[et al.]. -- Rio de Janeiro : Alta Books, 2024.

Outros organizadores: Felipe do Amaral Costa, Tiago Fernandes Tavora Veras, Bruno Batista.
ISBN 978-85-508-2153-5

1. Comércio eletrônico - Administração 2. Logística (Organização) - Administração I. Confederação Nacional do Transporte. II. Radel, Elaine. III. Costa, Felipe do Amaral. IV. Veras, Tiago Fernandes Tavora. V. Batista, Bruno.

24-195336 CDD-658.5

**Índices para catálogo sistemático:**

1. Logística : Administração de empresas 658.5

Eliane de Freitas Leite - Bibliotecária - CRB 8/8415



**Grupo Editorial Alta Books**

**Produção Editorial:** Grupo Editorial Alta Books
**Diretor Editorial:** Anderson Vieira
**Editor da Obra:** Rosana Arruda
**Vendas Governamentais:** Cristiane Mutüs
**Gerência Comercial:** Claudio Lima
**Gerência Marketing:** Andréa Guatiello

**Assistente Editorial:** Ana Clara Tambasco
**Revisão:** Natalia Pacheco e Renan Amorim
**Diagramação**: Rita Motta
**Capa**: Karma Brandão

ALTA BOOKS
GRUPO EDITORIAL

Rua Viúva Cláudio, 291 — Bairro Industrial do Jacaré
CEP: 20.970-031 — Rio de Janeiro (RJ)
Tels.: (21) 3278-8069 / 3278-8419
**www.altabooks.com.br** — altabooks@altabooks.com.br
**Ouvidoria:** ouvidoria@altabooks.com.br

Editora **afiliada à:**

ASSOCIADO

# Sobre o autor

A Confederação Nacional do Transporte (CNT) é a entidade máxima de representação das empresas do setor em suas diferentes modalidades: rodoviária, ferroviária, aquaviária e aérea. Seu principal objetivo é promover iniciativas para o fortalecimento da atividade transportadora por meio da produção de conhecimento técnico, da representação institucional e do apoio à gestão dos negócios.

A Confederação detém, em seu corpo técnico, as competências para elaborar estudos, pesquisas e análises temáticas de excelência e atuais sobre o transporte no país. E a presente obra se insere nesse portfólio. Nas últimas décadas, foram produzidas centenas de trabalhos técnicos que contribuíram para a superação dos desafios do setor e para fortalecer e ampliar a eficiência e a competitividade das empresas de transporte, que movem o Brasil.

# Agradecimentos

A realização desta obra só foi possível graças à visão estratégica e empreendedora do presidente da Confederação Nacional do Transporte, Vander Costa, que apoia e investe na produção e na ampliação do conhecimento sobre o papel dos transportadores em um tema tão atual e relevante como o e-commerce, fonte de recente e grande impulso à logística brasileira.

# Prefácio

Desde o início da internet comercial, no final da década de 1990, até os dias atuais, o comércio eletrônico tem superado obstáculos para se firmar como uma maneira fácil, ágil, barata e conveniente de comprar no Brasil. Hoje, mais de dois anos depois do início da pandemia, podemos comprovar como ele se tornou também eficiente e rápido devido à sofisticação da sua logística, antes tida como errática.

O início do e-commerce foi uma fase de opostos, na qual muito dinheiro disponível de capital de risco se confundia com empreendedores que ainda não sabiam como conquistar clientes e garantir a eles um serviço adequado de entregas de encomendas, culminando na crise das pontocom, em 1999 e 2000. Poucas empresas de comércio eletrônico sobreviveram àquele período, mas as que o fizeram, em sua grande maioria, estão muito bem posicionadas até hoje no cenário competitivo.

Passada a crise, os investimentos de capital de risco se tornaram mais racionais no início dos anos 2000. E justamente nesses anos de menos capital disponível foram concebidas inovações que estabeleceram os alicerces do comércio eletrônico. Seguindo os passos dos marketplaces puros — como o eBay —, que, naquela época, já ofereciam preços competitivos e sortimento infinito, os *pure online players* começaram a abrir suas páginas a vendedores externos com a intenção de melhorar a experiência do cliente final. Se alguém pode fazer um trabalho mais eficiente em uma categoria de produtos, então é melhor que o cliente compre desse vendedor dentro do próprio site do que fora dele. Essa é a ideia central que norteia o comércio eletrônico até hoje: melhorar a experiência dos clientes. E hoje — por exemplo, na Amazon —, mais da metade de tudo que se vende vem do marketplace, dos chamados *sellers*.

Aqui no Brasil, os varejistas *bricks-and-clicks* e *pure players* demoraram um pouco mais para se tornar marketplaces. Foi somente no início dos anos 2010 que os principais *players* do mercado começaram os projetos de tecnologia para suportar essa atividade nos seus sites. Porém eles não estavam parados na década anterior, pois estavam tentando resolver problemas reais para penetrar no varejo. Enquanto a expansão da internet de banda larga acontecia no país, os sites de e-commerce vinham lutando para solucionar os entraves associados aos meios de pagamento e todas as fricções que surgem ao redor disso. A taxa de aprovação dos cartões era muito baixa, a fraude online de cartões já existia e fazia grande estrago, e as empresas especializadas em soluções de prevenção de fraude online ainda estavam se estruturando. O processo de pagamento nos sites e aplicativos, que hoje parece simples e rápido, passou por uma década de reinvenção e estabilização até chegar aos dias de hoje, quando qualquer pessoa ou empresa pode abrir um site que já nasce com diversas opções de pagamento confiáveis.

E foi no começo da década passada, no início dos anos 2010, que vimos o fortalecimento de eventos comerciais fortes na internet: Dia das Mães, Dia dos Pais, o tradicional Natal e, principalmente, a tropicalização da *Black Friday*, que se tornou o evento comercial mais famoso do comércio eletrônico brasileiro. Esses eventos deixaram claro que tínhamos chegado a um bom nível de sofisticação na tecnologia dos sites e das ações de marketing por meio dos diversos canais já existentes naquele momento, como o Google, o início do Facebook e comparadores de preço, como o Buscapé, além dos portais como UOL e Terra. Por outro lado, esses eventos deixaram evidente a necessidade de sofisticação da logística que leva os produtos até os clientes. Vários sites sofreram com milhares de reclamações no Procon e nos juizados de pequenas causas, inundando esses órgãos de processos e colocando dúvida sobre a solidez do comércio eletrônico no país. Isso porque os investimentos que haviam sido feitos na logística na década anterior haviam sido muito baixos. Os varejistas online usavam quase que exclusivamente transportadores terceirizados e os mediam apenas pelo preço do frete, sem considerar os custos ocultos de não atender o cliente, não converter a venda por causa do prazo longo ou ter que recuperar o cliente por meio de marketing digital a cada vez que ele buscasse um produto. Esses transportadores viam-se obrigados a reduzir ao máximo seus custos e zerar os investimentos em inovação, expansão de capacidades, capacitação de pessoas e automação. Muitos não resistiram e quebraram.

Nesse contexto, a importância deste livro é incomparável dentro da logística do comércio eletrônico nacional. Este trabalho detalha todas as etapas da cadeia logística que foram criadas e adaptadas, quase exclusivamente na última década, para sair daquele momento de desconfiança para um momento sólido de entregas eficientes com um fluxo de informação constante e um volume muito maior do que há dez anos. Da mesma forma que existem soluções de meios de pagamentos praticamente *plug & play* para novos vendedores digitais, hoje as logtechs — que são *startups* que resolvem problemas de logística — também oferecem soluções *plug & play* para que qualquer novo empreendedor digital entregue suas encomendas.

Nesta última década, a briga na entrega de pacotes ficou mais acirrada, principalmente em grandes centros urbanos. Quando um site ou app de comércio eletrônico oferece uma entrega ultrarrápida, no mesmo dia ou em algumas horas, ele se coloca cada vez mais em um ambiente antes dominado pelas lojas físicas. Com essa oferta de entrega imediata, ficam evidentes diversas situações de conveniência que possibilitam que as pessoas prefiram receber em casa.

A pandemia estressou essas situações ao nível máximo. De uma hora para outra, os brasileiros se viram necessitados de bens básicos sem poder sair de casa. Em uma segunda fase, os consumidores quiseram adaptar seus lares para a nova realidade, e houve uma busca grande por artigos de decoração, reforma e diversão em casa. Os sites e aplicativos de entrega de comida experimentaram um salto na demanda sem precedentes. Dois anos e meio depois do início da pandemia, podemos dizer que a logística do comércio eletrônico nos surpreendeu. Não somente resistiu ao volume enorme e inesperado, mas mostrou pujança com entregas rápidas e consistentes e rastreamento eficiente e claro, que dialogam com o consumidor, e novas formas de realizar a devolução, que sempre foi tida como um calcanhar de Aquiles.

Em 2022, completo quinze anos no comércio eletrônico, doze deles dedicados exclusivamente ao mundo da logística. Iniciei no momento em que a logística era o vale do desespero. E hoje, depois de árduos anos de pandemia, li este livro com muito prazer, pois ele documenta tudo o que foi construído com muito carinho por milhares de profissionais da logística no país, que sempre fizeram o impossível com poucos recursos e atualmente estão sendo valorizados na medida que sempre mereceram. É uma leitura leve que, ao mesmo tempo, traz dados da pesquisa feita com diversos *players* do mercado, além da coletânea de fatos de uma bibliografia extensa. Ela nos conta a forma como a logística foi estruturada pelos sites de comércio eletrônico e seus fornecedores de serviços logísticos, o modo como se relacionam e a tecnologia disponível e necessária para que um pedido chegue até seu cliente. Torna-se uma leitura obrigatória para qualquer pessoa, profissional de logística ou não, que queira entender como funciona o mundo físico, dentro das vendas que são feitas com *bits* e *bytes*.

Boa leitura! E boas vendas a todos os empreendedores digitais!

Leandro Bassoi, executivo de logística e *supply chain*, especialista em comércio eletrônico, atualmente COO da MadeiraMadeira

# Sumário

As definições dos termos técnicos deste livro podem ser consultadas no aplicativo **Glossário CNT do Transporte**.

O app é uma iniciativa da Confederação Nacional do Transporte com o intuito de apresentar as principais definições de termos relacionados ao transporte em suas diferentes modalidades e aqueles especificamente ligados ao e-commerce, de maneira dinâmica e de fácil entendimento.

O Glossário CNT do Transporte está disponível para download em lojas de aplicativos.

Saiba mais no QR Code ao lado

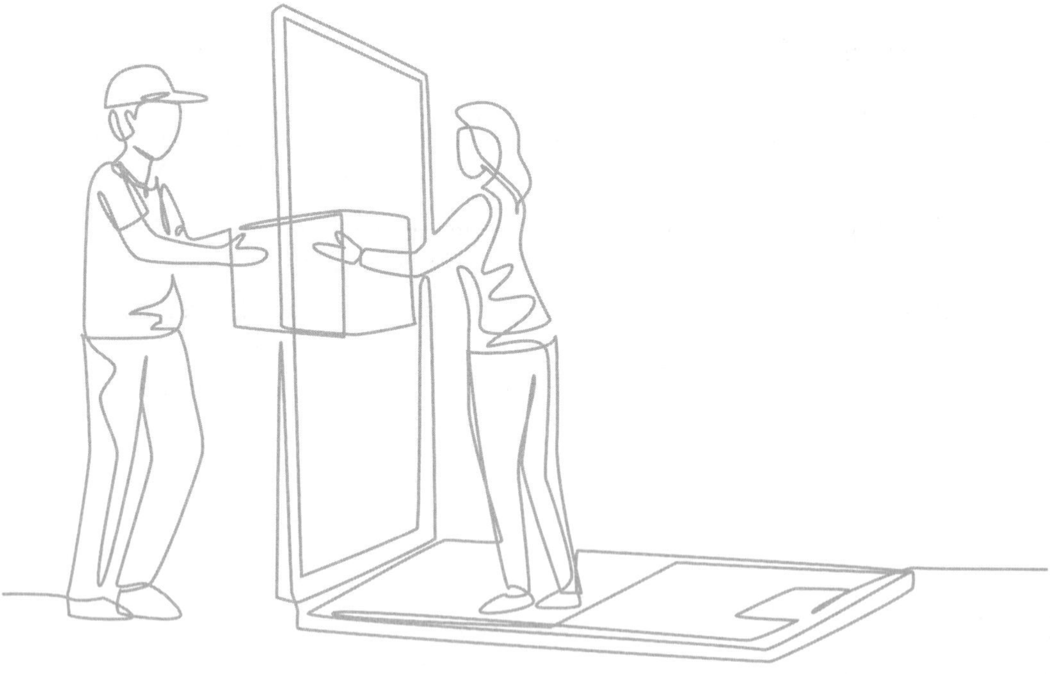

# Introdução

O e-commerce (abreviação do termo em inglês *electronic commerce*, ou comércio eletrônico) engloba o rol de transações comerciais realizadas principalmente por meio da internet. A sua utilização como canal de vendas, na forma como é conhecido atualmente, surgiu nos Estados Unidos, em meados da década de 1990. As primeiras iniciativas voltadas para o seu uso comercial focavam a disponibilização de espaços publicitários em páginas eletrônicas. Rapidamente, empresas dos mais diversos segmentos visualizaram o potencial da web e buscaram explorar as oportunidades existentes.

Durante a sua recente, porém intensa, trajetória de quase três décadas, o e-commerce propiciou o surgimento de milhares de empresas — em valor de mercado, algumas das maiores da atualidade — e de diversas novas formas de negócio. Alguns desses modelos são genuinamente online e dependem da internet para a sua existência, a exemplo dos portais de busca, redes sociais, serviços de *streaming*[1] de músicas e filmes e assinaturas de jornais e revistas. Outros são especializados na comercialização de bens materiais, como é o caso do varejo eletrônico (e-varejo) e dos marketplaces. A disseminação desses modelos no comércio B2C[2] representou uma mudança de paradigma nas dinâmicas entre vendedores e clientes.[3] Quando um e-consumidor faz uma compra online, há, na maioria dos casos, a substituição do transporte individual — no qual o cliente se dirige até o ponto de venda para adquirir o produto — por um serviço de transporte responsável pela entrega do pedido. Assim, pode-se dizer que o e-commerce ressignificou o transporte. A atividade, que antes era vista pelas empresas como simplesmente um centro de custo, passou a ser vista como uma etapa fundamental para a experiência de compra do cliente.

À medida que o hábito de comprar online se consolida na rotina dos consumidores, maiores são as pressões por velocidade e fretes acessíveis para uma variedade crescente de produtos, tornando a logística um diferencial competitivo para as empresas em um mercado em constante mutação. Sob a perspectiva de consolidação do e-commerce, cabe destaque ao papel catalisador que a pandemia da covid-19 desempenhou nesse processo. A imposição de medidas de isolamento social e o fechamento de lojas e restaurantes em virtude de evitar a propagação do vírus levou a uma expansão sem precedentes no número de compras online. Em 2020, os negócios já estabelecidos no mundo virtual prosperaram, e aqueles que operavam tradicionalmente no meio físico tiveram de migrar para o meio digital. Milhões de novos consumidores fizeram a sua primeira compra online, e aqueles que já a utilizavam aumentaram a frequência. Nesse ano, o e-commerce brasileiro cresceu mais de 40% em relação ao ano anterior, popularizou a utilização do canal entre os consumidores, e as expectativas são bastante otimistas quanto à sua expansão nos próximos anos.

O avanço do e-commerce levou ao aumento substancial da demanda por atividades logísticas, sobretudo aquelas necessárias para transportar e entregar os milhões de pedidos realizados anualmente. Mesmo as transportadoras que já atuavam no segmento tiveram que adaptar as suas operações para atender o volume e a capilaridade das encomendas e prover novas soluções de entrega. A expansão do mercado exigiu também adaptações em suas operações, que passaram pela qualificação da mão de obra e investimentos em automação e transformação digital necessários para acompanhar as constantes pressões sobre o setor.

Somente com investimento em tecnologia e soluções inovadoras que otimizem o processo de entrega é possível acompanhar a intensidade e a rapidez com que as exigências do mercado estão se alterando. Tendências como múltiplos pontos de entrega, omnicanalidade,[4] operações sustentáveis, transparência nas informações e rapidez nas entregas são responsáveis, atualmente, pelos grandes desafios que estão moldando o transporte nesse segmento.

Portanto, soluções voltadas a uma logística mais eficiente, responsiva e sustentável são condições necessárias para que as empresas de transporte se mantenham competitivas nesse mercado. Neste contexto de oportunidades e desafios que o e-commerce trouxe para o setor transportador é que se insere este trabalho.

Diante do atual protagonismo do comércio eletrônico, este livro auxiliará o leitor a melhor compreender a logística mobilizada para a operacionalização do e-commerce, enfatizando os aspectos relacionados com o transporte. Ao término da leitura, o leitor será capaz de compreender os diferentes modelos de negócio, tipos de transações e plataformas tecnológicas utilizados no e-commerce; o atual panorama do e-commerce brasileiro; o e-commerce sob a perspectiva do transporte; os meios e os agentes envolvidos; a estrutura operacional; as tendências para o setor; e os problemas e os desafios da logística nesse tipo de operação e diretrizes de melhoria para o segmento.

O desenvolvimento desta obra teve o apoio de algumas das associações ligadas à CNT, notadamente a Associação Brasileira de Logística (Abralog), que auxiliou na definição do seu escopo e no levantamento de dados. Durante a sua elaboração, foram realizadas visitas técnicas às instalações operacionais de algumas transportadoras e empresas ligadas ao setor de e-commerce e entrevistas estruturadas com seus principais representantes, tais como Braspress, DHL, Fadel, Flash Courier, Gollog, Kangu e Mercado Livre. A caracterização do setor contou também com uma sondagem realizada com outros *players* que atuam no transporte no e-commerce.

O livro é composto por cinco capítulos. Esta introdução, além de apresentar a estrutura do trabalho, volta-se para a contextualização acerca da importância do transporte no e-commerce e discute os objetivos — gerais e específicos — e as atividades desenvolvidas.

O Capítulo 1 tem por objetivo caracterizar o comércio eletrônico. Ele é iniciado com a conceituação dessa modalidade de comércio, juntamente a um breve descritivo sobre a sua história — desde o surgimento das formas mais primitivas de transferências eletrônicas, nas décadas de 1960 e 1970, passando pela fase de consolidação com o advento da web, até os formatos mais conhecidos na atualidade.

Nesse capítulo, também são estabelecidas diferenciações quanto aos tipos de transações e modelos de negócio utilizados. Por fim, ele é encerrado com uma caracterização do e-commerce brasileiro, em que são apresentados dados sobre o tamanho do mercado, participação por segmento, perfil do consumidor e tendências para os próximos anos, entre outras informações.

O Capítulo 2 destina-se à discussão sobre a logística no e-commerce. Preliminarmente, propõe-se uma abordagem sobre os aspectos que a diferenciam da logística tradicional, e são caracterizadas as atividades relacionadas. São também apresentados os aspectos sobre os intervenientes de maior destaque atuantes na cadeia. Na sequência, o capítulo enfoca especificamente o transporte, em que são discutidas as características de cada etapa adotada: primeira milha, milha do meio, última milha e logística reversa. O capítulo aborda questões relacionadas aos modos de transporte, composição da tarifa, contratação e documentação no transporte.

O Capítulo 3 volta-se para a caracterização do transporte no e-commerce brasileiro. Nele, são divulgados os resultados da sondagem com os principais transportadores que atuam no segmento, apresentando informações gerais e específicas sobre a operação dessas empresas.

O Capítulo 4 aprofunda a discussão sobre tendências e tecnologias adotadas pelo setor de transporte — ou as que ainda estão em fase de desenvolvimento — para superar os principais desafios vivenciados pelo setor, seja para trazer ao consumidor do e-commerce uma melhor experiência quanto à entrega ou para garantir ganhos de eficiência nas cadeias logísticas.

O Capítulo 5 traz as principais dificuldades que interferem, de alguma maneira, na operação e desenvolvimento desse segmento do transporte. Propõem-se, ainda, diretrizes para a melhoria do setor. Por fim, o livro encerra com as considerações finais.

CAPÍTULO 1

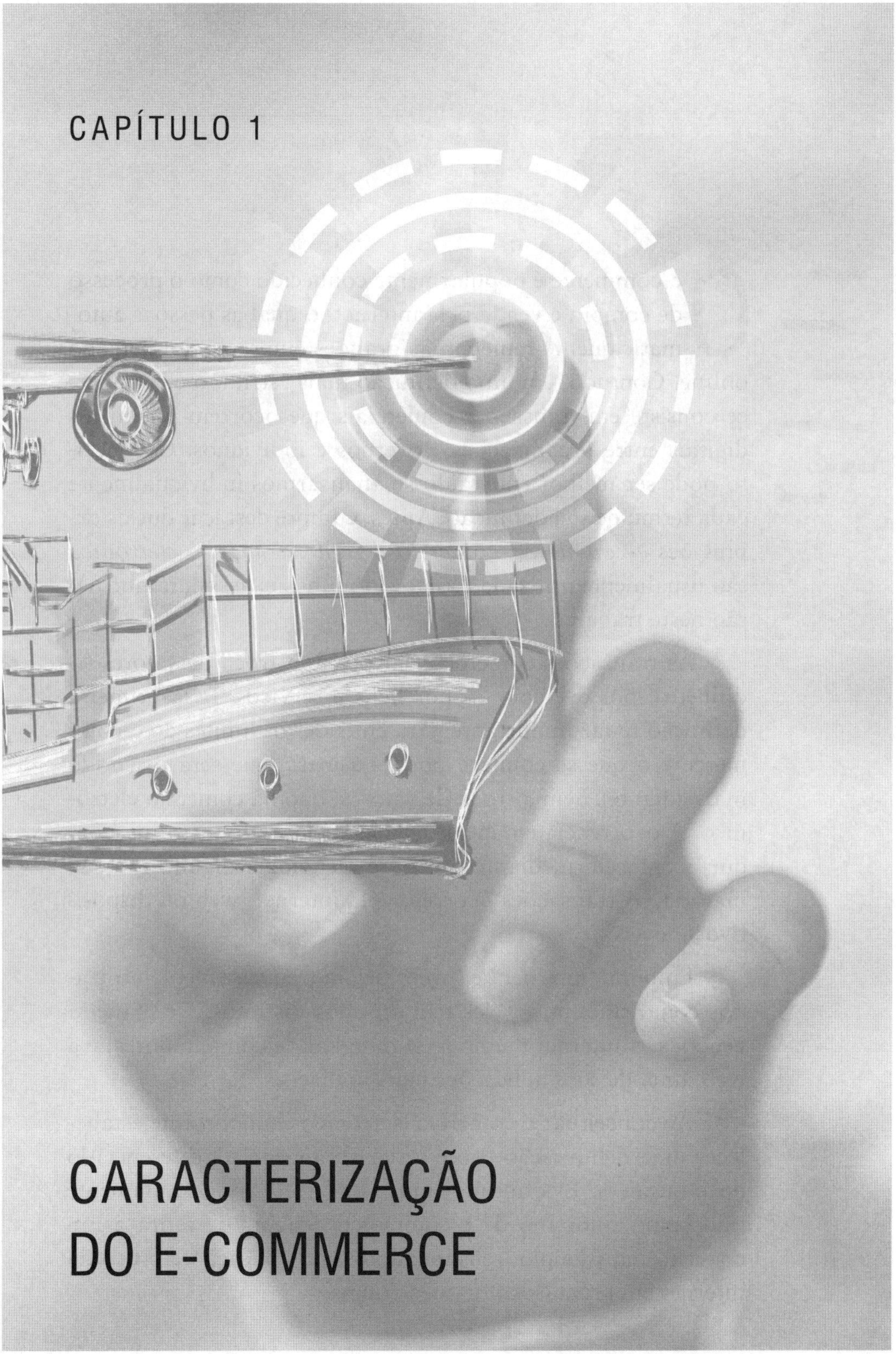

# CARACTERIZAÇÃO DO E-COMMERCE

O e-commerce é popularmente conhecido como o processo de compra e venda pela internet, o qual as pessoas automaticamente remetem às grandes empresas do mercado online. Contudo, em uma definição mais estrita, o e-commerce consiste em transações comerciais que ocorrem por meios digitais entre organizações, governos e indivíduos. O conceito pode ser melhor entendido se analisarmos individualmente cada termo de sua definição. Antes, cumpre destacar que as expressões *e-commerce*, *comércio digital* e *comércio eletrônico* são usualmente utilizadas como sinônimos e, assim, também o são neste trabalho.

As transações comerciais envolvem a troca de valores — dinheiro, por exemplo — por bens e serviços. Essa primeira definição se faz importante para entender os limites do e-commerce e o que se conhece por e-business (que será discutido mais adiante). Sem a troca de valores, não há comércio eletrônico. A ocorrência em **meios digitais** inclui todas as transações que acontecem mediante o uso de tecnologia digital. Em sua maioria, as transações ocorrem pela internet, web ou dispositivos móveis.

Embora "internet" e "web" sejam frequentemente utilizados como sinônimos, eles têm sentidos distintos. De maneira genérica, a internet é uma rede mundial de computadores, e a web, uma de suas aplicações mais notáveis.

Ao conceituar o comércio eletrônico, é importante estabelecer uma delimitação sobre a sua abrangência e diferenciá-lo do e-business. Este último, muitas vezes, é equivocadamente tido como sinônimo de e-commerce, embora se refira a um conceito mais amplo, relacionado com a aplicação e o uso da internet em processos organizacionais.

O e-business engloba todas as atividades internas desempenhadas eletronicamente dentro de uma organização a partir das Tecnologias de Informação e Comunicação (TIC). Ele pode englobar atividades e áreas envolvidas na gestão e operação de uma organização de maneira eletrônica ou digital. Essas ações estão voltadas para o ambiente interno (ou microambiente organizacional). Inclui atividades comerciais diretas (marketing e gestão de vendas) e atividades de apoio, como processos de negócio, reengenharia e gerenciamento de mudanças.

O e-commerce, por sua vez, envolve trocas entre clientes, parceiros comerciais e fornecedores. Nesse contexto, o comércio digital está mais ligado a questões relacionadas com o macroambiente, tais como sociedade, economia digital e o ambiente político e normativo.

Destaca-se, no entanto, que a infraestrutura de e-business fornece suporte para trocas de e-commerce. Os dois conceitos se sobrepõem, em parte, à medida que os sistemas informatizados internos se conectam a fornecedores e consumidores e ocorre a troca de bens. O relacionamento entre esses dois conceitos na operação de uma empresa pode ser melhor visualizado na Figura 1.

**Figura 1**: A relação entre e-commerce e e-business

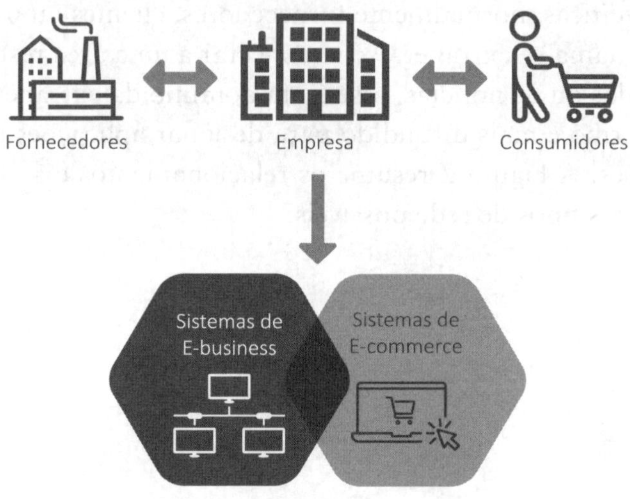


Fonte: Elaboração CNT, adaptado de Laudon e Traver (2017).

O aspecto principal é que esses dois conceitos têm se intensificado e facilitado a realização de transações comerciais e, consequentemente, a competição no mercado. Constantemente, as empresas são forçadas a aderir a novas tecnologias, integrar sistemas e atender novas demandas de seus clientes. Por exemplo, o conceito de estoque foi radicalmente alterado com a advento do “e” (prefixo que sintetiza o termo “eletrônico”). Hoje, os estoques são mantidos a níveis mínimos, e, cada vez mais, os produtos são preparados e/ou transportados sob demanda, à medida que são necessários em determinado ponto da cadeia logística. E o mais importante: as organizações precisam ter em mente que os clientes já não mais precisam dispender grandes esforços para comprar da concorrência.

Por definição, o e-commerce pode se dar por meio do uso de diferentes redes. Usualmente, conforme já comentado, a internet é a forma mais utilizada. Os serviços são disponibilizados para todos os consumidores e organizações que têm acesso a ela. No entanto, algumas aplicações do e-business lidam com informações estratégicas e sensíveis das organizações e, portanto, necessitam que seu acesso seja restrito a certos indivíduos.

Quando o acesso aos serviços de web é restrito aos colaboradores de uma organização, chama-se intranet. Se o acesso é aberto para partes específicas, normalmente fornecedores, clientes ou parceiros de negócios, chama-se extranet. Ao se conectar a uma área restrita de um site de vendas ou de notícias, esse é um domínio da extranet. Normalmente, o termo é mais difundido para designar aplicações usadas por organizações. A Figura 2 resume os relacionamentos e a abrangência dos diferentes tipos de rede possíveis.

**Figura 2**: A relação entre internet, extranet e intranet

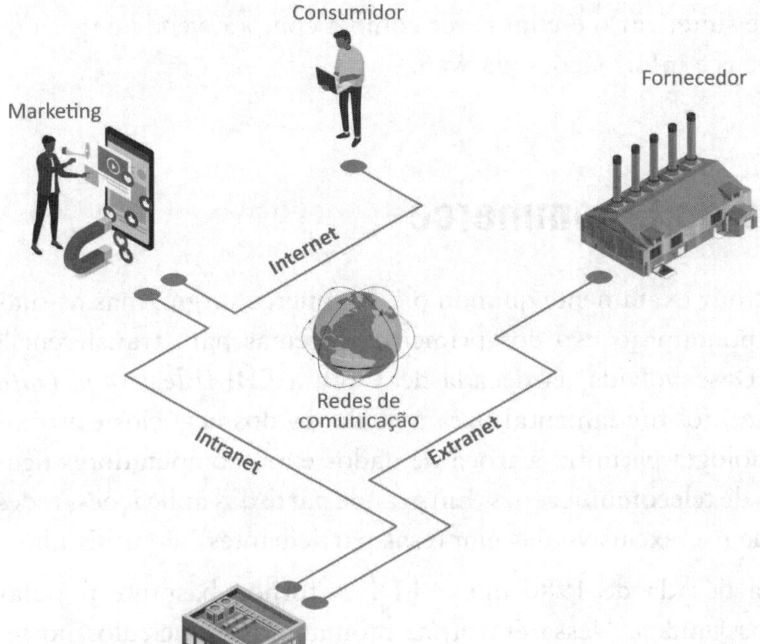


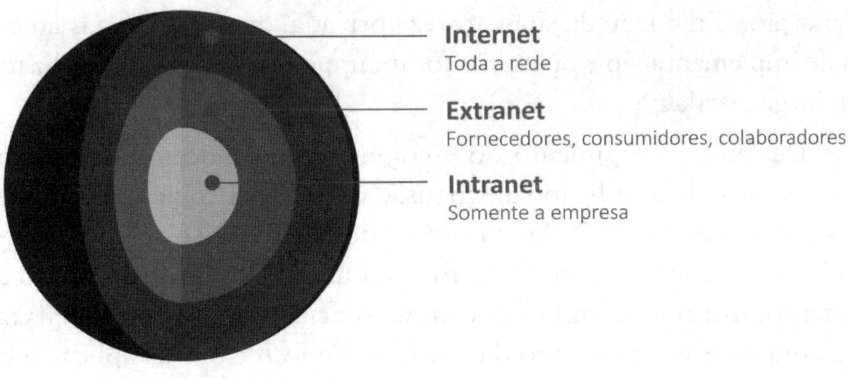


Fonte: Elaboração CNT, adaptado de Chaffey (2009).

Esta seção mostra que o e-commerce pode ser viabilizado de diversas formas e que existe uma sobreposição com o e-business. Contudo, pode-se sintetizar o e-commerce como a compra, venda e troca de serviços, bens e informações via web.

## História do E-commerce

É difícil definir exatamente quando o e-commerce surgiu, mas as suas origens remontam ao uso dos primeiros sistemas para transferência de dados. Desenvolvida na década de 1960, a EDI (*Electronic Data Interchange*[1]) foi fundamental para a evolução dos negócios eletrônicos. A tecnologia permitiu a troca de dados entre computadores ligados a redes de telecomunicações. Em grande parte das aplicações, redes privadas, de uso exclusivo das empresas participantes, são utilizadas.

Foi na década de 1980 que a EDI se tornou bastante popular nos Estados Unidos. Nessa época, as montadoras de veículos norte-americanas obrigaram os seus fornecedores a adotar a tecnologia para a troca de documentos comerciais e condução de transações financeiras, inicialmente em redes privadas, do tipo extranet. Ela se tornou bastante popular em grandes organizações que a utilizavam para otimizar processos administrativos e operacionais na cadeia de suprimentos, principalmente aqueles relacionados com atividades de aquisição.[2] Em razão da sua natureza privada, questões ligadas ao custo de implementação e operação foram impeditivas para sua utilização em larga escala.

De fato, o surgimento do e-commerce no modelo como hoje é mais conhecido está ligado à expansão da internet comercial, em meados da década de 1990. Ainda que os primeiros passos para a criação da internet tenham ocorrido no final da década de 1960, o seu uso era restrito a instituições militares e universitárias. Somente anos mais tarde, com o desenvolvimento da *world wide web* e outras aplicações, a rede começou a ganhar mais usuários e a receber atenção das empresas para o seu potencial.

Esse foi o marco para o desenvolvimento e a expansão do e-commerce. Os primeiros registros estão relacionados ao uso da internet como espaço publicitário. Em 1994, a revista eletrônica *Hotwired* iniciou a venda de anúncios pagos para empresas, como a norte-americana do ramo de telecomunicações AT&T e a montadora de veículos sueca Volvo. Já no ano seguinte, portais como a Netscape e Infoseek incorporaram prática semelhante aos seus modelos de negócio.

Em pouco mais de 20 anos de existência, embora recente em comparação com outras revoluções ocorridas na modernidade, a história do e-commerce é bastante intensa e pode ser melhor entendida se dividida em três momentos distintos: o seu surgimento, a sua consolidação e a sua reinvenção.

## A Origem do E-commerce (1994–2000)

Em um primeiro momento, o surgimento do e-commerce foi um fenômeno que ocorreu com maior intensidade nos Estados Unidos. Os primeiros anos foram marcados pelo seu vigoroso crescimento e pelo clima de inovação, no qual empresas tinham perspectivas extremamente otimistas quanto às novas possibilidades de negócios.

Era um ambiente ainda primitivo em termos normativos e regulatórios. As empresas buscavam nichos para se estabelecer como pioneiras no meio digital e desfrutar da ausência de outros agentes para obter vantagem competitiva. Dessa maneira, elas tinham facilidade para estabelecer uma base sólida de clientes, fortalecer o reconhecimento da marca e desenvolver um novo canal de distribuição para, em seguida, criar barreiras aos novos entrantes.

O tamanho do mercado que surgia era sem precedentes, embora, nos anos iniciais, predominasse o varejo de bens de baixa complexidade. Pela primeira vez na história, vislumbrava-se a realização do comércio a partir do uso de uma rede de comunicação universal a que todos os habitantes da Terra pudessem ter acesso a partir de computadores pessoais, que se tornavam cada vez mais acessíveis.

O e-commerce levou à criação de uma nova visão de mercado. Nele, o acesso à informação passou a ser mais igualitário, reduzindo o seu próprio custo e, consequentemente, os custos de transações. Os recursos dispendidos para a aquisição de novos clientes eram significativamente mais baixos, visto que não mais se faziam necessárias campanhas de marketing intensivas. A internet não só reduziu as despesas com campanhas publicitárias, mas também tornou possível a personalização do marketing de acordo com o perfil de cada cliente.

A desintermediação foi outra inovação. Distribuidores e atacadistas perderam espaço na intermediação entre fabricantes e consumidores. A internet propiciou a criação de canais diretos entre essas partes, eliminando do processo uma parcela dos custos de intermediação que pouco agregava valor ao produto final. Além disso, o dinamismo da internet e o avanço nos sistemas de gestão de custos e vendas permitiram a precificação dinâmica dos produtos e serviços, refletindo as reais condições de mercado. Como resultado, criou-se um ambiente de intensa competição entre as empresas, e houve redução nos monopólios em função de marcas, acesso a fatores de produção e posição geográfica.

Nesse sentido, os consumidores também foram beneficiados com a redução nos preços, que se tornaram transparentes para o consumidor, que podia obter — a distância — informações sobre o melhor preço para determinado produto e sobre concorrentes em escala global.

A euforia foi tamanha nos anos iniciais do e-commerce que a atenção dos agentes do mercado se voltou para as empresas de tecnologia (as chamadas empresas "pontocom"), tidas como o futuro do comércio. Esse movimento levou à especulação excessiva do mercado e a uma série de financiamentos facilitados e imprudentes em empresas ou nichos de mercados que não eram consistentes. Como resultado, vivenciou-se a criação de uma bolha especulativa, a chamada bolha da internet ou bolha das empresas pontocom (*dot com bubble*). Essa crise ocorreu entre os anos de 1999 e 2000 e marca o término da era do surgimento do e-commerce.

No Brasil, o e-commerce ainda dava os primeiros passos. Embora haja registros de iniciativas anteriores, algumas das empresas de varejo de maior relevância constituíram a sua presença no ambiente virtual próximo do estouro da bolha da internet, entre os anos de 1998 e 2000. No entanto, o entusiasmo com o e-commerce por aqui era bem menor. Naquela época, marcada ainda pelo uso da internet discada, o acesso à rede era restrito a uma pequena parcela da população, e os sites ainda eram bastante rudimentares, assemelhando-se a uma versão eletrônica dos antigos catálogos de venda físicos.

## A Consolidação do E-commerce (2001–2006)

A segunda fase surgiu após a bolha da internet, a partir de 2001, e durou até 2006. Foi um período de reformulação do comércio eletrônico com as lições aprendidas da crise. Naquela época, o ceticismo quanto à continuidade do e-commerce no longo prazo era grande. O financiamento ficou mais restrito, e os investimentos eram direcionados para empresas consolidadas e projetos mais maduros.

Nesse contexto, houve também uma mudança na orientação do e-commerce, inicialmente voltada para o desenvolvimento tecnológico, para uma abordagem orientada para os negócios. Esse momento foi marcado pela entrada das grandes empresas varejistas e de serviços na web, que passaram a usá-la como uma estratégia de fortalecimento e extensão de suas marcas. A segunda fase foi caracterizada pela disseminação do e-commerce em vários países e por uma abrangência internacional dos negócios. Barreiras de idiomas e de conversão de moedas foram desafios a serem superados para a realização dos negócios globais.

Esse período foi marcado pela disseminação das redes de banda larga, pelo aumento do poder computacional e pela facilidade na aquisição de computadores pessoais. A fase de consolidação contou também com o início da prestação de serviços no e-commerce, por exemplo, os serviços financeiros e de aquisição de passagens aéreas.

## A Reinvenção do E-commerce (2007 – atualidade)

A terceira e atual fase no desenvolvimento do e-commerce foi iniciada em 2007, com a evolução da Web 2.0. O termo descreve a segunda geração da *world wide web*, que ampliou o conceito de colaboração e troca de informações entre os usuários de sites e prestadores de serviços virtuais.

Na Web 2.0, as pessoas passaram a produzir os seus próprios conteúdos e publicá-los diretamente na rede, sem a necessidade de conhecimentos profundos em programação ou de acesso a softwares complexos. Novas ferramentas para o compartilhamento de conteúdo desenvolvido por usuários surgiram e ganharam bastante popularidade. É o caso das redes sociais, blogs, sites de compartilhamento de vídeos e fotos e os *wikis*.[3] Essa nova fase coincidiu também com o surgimento dos dispositivos móveis, tais como smartphones e tablets.

O período de "reinvenção do e-commerce" ocorreu simultaneamente com o momento positivo da economia brasileira e favoreceu o surgimento de novos negócios digitais e a consolidação dos existentes. Esse momento foi marcado pelo crescimento acentuado do e-commerce, frequentemente acima dos dígitos anuais. Durante o período, surgiram importantes lojas multicanais, que aproveitaram a sinergia das lojas virtuais e físicas, e negócios puramente virtuais.

Transformações tecnológicas e mudanças sociais foram eventos de destaque durante o período. O entretenimento se tornou a sua maior fonte de receita, e os dispositivos móveis assumiram o posto como plataformas para essa finalidade, assim como plataformas de vendas online.

As redes sociais, como Facebook, Twitter e Instagram, mudaram — em grande medida — a forma como as pessoas interagem. Elas são plataformas que dependem da criação e do compartilhamento de conteúdo por seus usuários, que, na maioria, são pessoas comuns, que interagem entre si nessas redes.

O grande alcance das redes sociais, assim como o seu impacto de obtenção de informações e de formação de opinião nas dinâmicas sociais, tornou-as importantes ferramentas para o marketing direcionado e propaganda. Por esse motivo, as grandes empresas têm investido na divulgação de suas marcas nessas redes.

Recentemente, o e-commerce foi marcado pelo surgimento e expansão dos serviços sob demanda e de plataformas de serviços, tais como Uber, Airbnb e iFood, atuantes respectivamente nos segmentos de transporte individual de passageiros, hotelaria e alimentação. Essas empresas foram capazes de otimizar a utilização de recursos ociosos (carros, quartos, tempo livre pessoal), conectando os seus proprietários a demandantes pelos serviços e criando, assim, um mercado lucrativo, baseado nas infraestruturas das plataformas.

## Categorias de E-commerce

A atmosfera dinâmica que caracteriza as relações no ambiente virtual força as empresas a uma busca constante por inovações que lhes confiram vantagens competitivas. Nesse contexto, categorizar os tipos existentes de e-commerce é uma tarefa relativamente complexa. São inúmeros os tipos de negócio já estabelecidos, e muitos outros surgem em ritmo acelerado.

Não existe uma abordagem unânime ou amplamente aceita para agrupar os tipos de negócios eletrônicos. No entanto, como será visto adiante, as formas de e-commerce podem ser diferenciadas conforme os tipos de envolvidos nas transações e os modelos de negócio.

### Tipos de Transação

Primeiramente, faz-se importante diferenciar o e-commerce com base nas partes envolvidas nas transações. Essa abordagem, bastante popular no mundo dos negócios, aplica as primeiras letras dos termos em inglês para designar vendedores e compradores, separados pelo algarismo 2, abreviação da preposição "*to*" (para). As três principais formas de atuação do e-commerce podem ser resumidas, assim, pelas seguintes categorias: B2C, B2B e C2C.

**B2C — *business-to-consumer* (empresa-para-consumidor)**: são operações realizadas entre empresas e consumidores. Incluem transações no mercado varejista de bens e serviços de empresas para os consumidores finais. O e-commerce B2C pode ser exemplificado por uma empresa varejista que vende seu produto online diretamente em seu site para um consumidor final. O exemplo apresentado caracteriza um e-varejista, um dos modelos de negócio dentro do B2C. Na próxima seção serão discutidas as demais abordagens.

Esse tipo de transação tem se destacado nos últimos anos pela intensidade do seu crescimento, principalmente quando considerado o seu resultado durante o período da pandemia da covid-19, embora o mercado do e-commerce B2C seja relativamente menor do que o B2B (*business-to-business*). Ressalta-se também o seu potencial de crescimento. Atualmente, a participação do e-commerce no mercado de varejo brasileiro situa-se em torno de 10%, enquanto em outros mercados, a exemplo da China, Reino Unido e Estados Unidos, esse valor situa-se em torno de 27%, 24% e 20%, respectivamente.[4]

**B2B — *business-to-business* (empresa-para-empresa)**: são operações de compra e venda realizadas de empresa para empresa via internet ou outras redes privadas. Nesse tipo de negócio, o comprador visa a adquirir bens e serviços necessários para a manufatura de outros bens ou com o intuito de revendê-los para o consumidor final. Exemplos de B2B são uma fabricante que vende seus produtos, em uma extranet, para uma manufatura; ou essa mesma fabricante vende online artigos para uma empresa varejista, que os revenderá posteriormente.

**C2C — *consumer-to-consumer* (consumidor-para-consumidor)**: nessa categoria de e-commerce, compradores e vendedores são pessoas físicas. Exemplos de C2C incluem indivíduos que vendem bens diversos online. Os leilões virtuais são exemplos desse tipo de e-commerce, que se tornou bastante popular em sites que intermediam esse tipo de transação, cobrando uma comissão pela venda realizada.

## Modelos de Negócio

O e-commerce se diferencia também nos seus modelos de negócio, definidos como o método aplicado por determinada empresa para gerar receitas e, consequentemente, lucro e criar valor aos sócios/acionistas. A partir das mudanças originadas pelo advento da internet, novos negócios surgiram, e outros foram adaptados. Um modelo de negócio de e-commerce deve incorporar o uso e as vantagens competitivas da internet, web e plataformas móveis.

Dado o dinamismo e a imensidão de oportunidades ainda não exploradas no ambiente virtual, são inúmeros os modelos de negócio no e-commerce, o que dificulta uma abordagem exaustiva. Contudo, apesar da abundância, é possível identificar os principais modelos generalistas (e suas variações) desenvolvidos no ambiente eletrônico. Como o escopo deste trabalho volta-se para a categoria de transação B2C, o Quadro 1 sintetiza os modelos mais comuns existentes nesse segmento. Os dois primeiros modelos e suas variações são aqueles que envolvem diretamente a transação de bens físicos e, por conseguinte, geram alguma demanda por transporte e se constituem como objeto de enfoque deste trabalho.

Convém destacar que algumas empresas combinam mais de um modelo como estratégia de negócio no ambiente eletrônico. A Amazon, por exemplo, é um caso emblemático desse tipo de organização. A empresa iniciou a sua operação como e-varejista, vendendo livros pela internet, mas logo transformou-se também em um marketplace, intermediando o contato e a transação entre consumidores e vendedores cadastrados em sua plataforma. Além desses modelos, a Amazon opera como provedora de conteúdo, disponibilizando serviços de vídeo por *streaming*.

Grandes empresas buscam, de maneira geral, a ramificação de modelos de negócio como uma estratégia para obter vantagem competitiva para a marca. É uma estratégia para racionalizar o uso de seus ativos e otimizar parte dos investimentos em infraestrutura, além de criar sinergia entre os diferentes negócios.

**Quadro 1**: Modelos de negócio B2C

| Modelo | Variações | Descrição | Modelo de receita | Exemplos |
|---|---|---|---|---|
| E-varejo | *Pure player*[1] | Empresas que operam exclusivamente no ambiente online. São a versão eletrônica das lojas de varejo. | Venda de produtos. | Submarino<br>Netshoes<br>Dafiti |
| | *Bricks-and-Clicks*[2] | Empresas que oferecem ao consumidor a opção de comprar no ambiente online e offline, por meio de lojas físicas. | Venda de produtos. | Riachuelo<br>Magalu<br>Carrefour |
| | Catálogo comercial | Versão online das vendas por catálogo. | Venda de produtos. | Avon<br>Natura<br>Hinode |
| | Fabricante direto (*Direct-to-consumer — D2C*) | Fabricantes que vendem online diretamente para os clientes, sem intermediários. | Venda de produtos. | Dell<br>Lenovo<br>Nike |
| Marketplace[3] | — | Utilizam a tecnologia da internet para criar plataformas que conectam compradores e vendedores. | Taxas de transação. | Mercado Livre<br>Amazon<br>Magalu |
| Redes sociais | — | Plataformas que conectam indivíduos com interesses, hobbies ou experiências em comum. | Publicidade, assinatura, taxas de filiação. | Facebook<br>Linkedin<br>Twitter |

▷

(Continuação)

| Modelo | Variações | Descrição | Modelo de receita | Exemplos |
|---|---|---|---|---|
| Provedor de conteúdo | — | Oferecem aos clientes acesso a jornais, revistas, livros, filmes, televisão, jogos, músicas, entre outros tipos de conteúdo. | Publicidade, assinatura, venda de exemplares digitais. | Netflix<br>Folha de São Paulo<br>Globoplay |
| Portal | Horizontal/ Geral | Oferecem um pacote integrado de conteúdo, busca e serviços de rede social para o público geral. São exemplos: notícias, e-mail, chat, *streaming* de vídeos e músicas. | Publicidade, assinatura e taxas de transação. | G1<br>UOL<br>Yahoo |
| | Vertical/ Especializado | Disponibilizam serviços e produtos especializados para determinado nicho de mercado. | Publicidade, assinatura e taxas de transação. | Tecmundo<br>InfoMoney |
| | Busca | Focam, essencialmente, fornecer serviços de busca. | Publicidade. | Google<br>Bing<br>Ask |
| Plataforma de intermediação de serviços | — | Realizam a intermediação de venda de serviços online, tais como agentes de viagens e corretores de valor. As plataformas facilitam a pesquisa e a transação com diferentes prestadores de serviço. | Taxas de transação. | Decolar<br>Trivago<br>Booking |
| Provedor de serviços | — | Oferecem serviços online. Incluem, entre outros, serviços financeiros e de compartilhamento de dados por nuvem. | Venda de serviços. | XP<br>Google Drive<br>Dropbox |

[1] "Jogador puro", traduzido livremente do inglês.

[2] Termo em inglês que em uma tradução literal significa "tijolos e cliques". Designa um modelo híbrido de negócio que tem divisões em lojas físicas (*bricks and mortar* — tijolos e argamassa) e e-commerce.

[3] "Mercado", traduzido livremente do inglês.

Fonte: Elaboração CNT, adaptado de Laudon e Traver (2017).

Salienta-se que os modelos de negócio existentes podem ser desenvolvidos em diferentes plataformas tecnológicas. Alguns estudiosos, por exemplo, se referem ao comércio eletrônico em redes sociais como modelos de negócio. De fato, elas podem ser melhor entendidas como meios que suportam o desenvolvimento das diferentes formas de negócio, mas, em rigor, as plataformas se enquadram melhor como uma subcategoria do e-commerce nas suas diferentes modalidades de transação (B2C, B2B e C2C). Em seguida, discute-se com maior profundidade as suas principais formas.

O **m-commerce (*mobile e-commerce*)** refere-se à utilização de dispositivos móveis para a realização de transações online. O m-commerce envolve o uso de redes de telefonia móvel e redes sem fio para conectar smartphones e tablets à internet. Uma vez conectados, os consumidores podem comprar produtos e serviços, a exemplo de reservas de viagens, serviços financeiros e conteúdo online.

Em 2020, as compras feitas por dispositivos móveis foram responsáveis por 52,5% do faturamento do e-commerce no Brasil — um crescimento de 10,7% em relação ao ano anterior. Alguns fatores contribuíram para a expansão dessa plataforma no Brasil. Entre eles, podem ser citados o maior acesso da população aos smartphones, o maior tempo de uso dos dispositivos móveis, os tamanhos maiores de tela de smartphone e as melhorias no design responsivo dos aplicativos, permitindo a otimização dos sites de e-commerce em suas versões para dispositivos móveis quanto a questões de usabilidade, pesquisa e pagamento.

O **s-commerce (*social e-commerce*)** é igualmente uma plataforma em ascensão no Brasil. As compras realizadas pelas redes sociais já têm a preferência de 17% dos usuários. Nos últimos anos, as redes sociais, como Facebook, Whatsapp e YouTube, têm se tornado cada vez mais populares. É tamanha a sua popularidade que negócios de todos os tamanhos e segmentos têm focado seus esforços de marketing e vendas nas redes sociais.

Outros fatores têm impulsionado o crescimento da plataforma. São exemplos o aumento no uso do *social sign-on* (login em sites usando o perfil no Facebook ou outro identificador de rede social), as notificações nas redes sociais (compartilhamento de experiências de produtos, serviços e conteúdos), as ferramentas de compra integradas às plataformas e a crescente cultura de recomendações virtuais feitas por contatos confiáveis nas redes.

O **l-commerce (*location e-commerce*)** são plataformas de comércio eletrônico focadas em engajar o consumidor com base em sua localização, viabilizado pelo uso de tecnologias de localização como o GPS e as torres de telefonia móvel. Essas informações são utilizadas para enviar conteúdos específicos para direcionar os consumidores às suas lojas. O l-commerce tem ganhado destaque perante o incremento expressivo dos serviços sob demanda (*on-demand*).

## Panorama do E-commerce no Brasil

O comércio eletrônico no Brasil tem apresentado significativa expansão em anos recentes, apesar de ainda haver margem para melhorias e a solução de entraves para o seu amplo desenvolvimento — sobretudo se comparado com outras economias. Nesse sentido, considerado o *ranking* UNCTAD[5] *Business-to-Consumer (B2C) E-commerce Index* de 2020, em que são avaliados 152 países quanto ao desempenho desse tipo de transação, o Brasil encontra-se na 62ª posição — tendo melhorado em relação a 2019 (72ª posição). Nessa avaliação são considerados quatro indicadores que caracterizam cada país:

- posse de conta bancária em instituição financeira (percentual da população com 15 anos ou mais);
- utilização da internet (percentual da população);
- índice de confiabilidade postal; e
- número de servidores seguros de internet (por milhão de habitantes).

No Brasil, em particular, o indicador com o melhor desempenho é o de utilização da internet (74/100), e o pior, o índice de confiabilidade postal (46/100). Na região em que se localiza (América Latina e Caribe),[6] o Brasil ocupa a 3ª posição na classificação geral, atrás da Costa Rica e do Chile.

De acordo com os resultados desse estudo, percebe-se uma significativa correlação entre os valores encontrados no índice, para cada país, e a medida em que os seus habitantes realizam compras online. Na América Latina, todavia, alguns países apresentam na realidade um nível mais elevado de compras online do que o seu índice de B2C e-commerce poderia fazer supor. Entre esses países, incluem-se alguns dos maiores mercados da região — Brasil, México, Argentina e Chile. Sugere-se, assim, que a grande dimensão dos mercados de e-commerce, dado o efeito de economia de escala, influencia a atração de lojas e a expansão das compras online. O Gráfico 1, a seguir, mostra a classificação das principais economias da América Latina segundo o índice.

**Gráfico 1**: Ranking Índice UNCTAD E-commerce B2C, por país – América Latina e Caribe (2020)

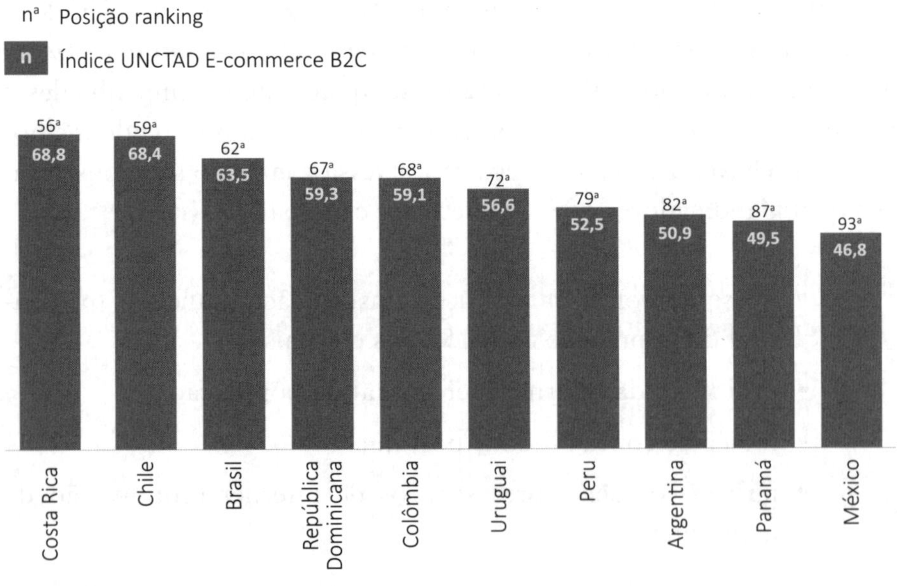


Fonte: Elaboração CNT, com dados da UNCTAD (2020).

Consideradas as cinco maiores economias da região (Brasil, México, Argentina, Colômbia e Chile), o México e o Brasil apresentaram, em 2019, os maiores valores de vendas no e-commerce B2C (respectivamente 31 e 20 bilhões de dólares), ao passo que, como percentagem do Produto Interno Bruto (PIB), o Brasil apresentou a menor participação (1,1%, comparativamente com 2,5% do México). Destaca-se ainda, nas maiores economias latino-americanas, a presença de sites regionais de e-commerce que atuam de forma competitiva com empresas globais — quatro dos cinco sites de e-commerce mais visitados na América Latina são da própria região.

Os países localizados na América do Norte, na Oceania e na Europa destacam-se em posições mais elevadas, no *ranking* geral, quanto ao percentual de compradores online em relação (1) ao número de usuários de internet e (2) à população total. Por sua vez, a América Latina apresenta, em média, resultados melhores apenas que a África — 19% dos usuários de internet e 12% da população total realizam compras online. No Brasil, em particular, esses percentuais correspondem, respectivamente, a 39% e 29% — em segundo lugar na região, atrás apenas do Uruguai, com 53% e 46%.[7]

O desempenho das cadeias de distribuição e o ambiente institucional e de negócios contribuem, de modo geral, para o desenvolvimento das atividades comerciais — e, em particular, para o comércio eletrônico. Nesse sentido, de acordo com o *Logistics Performance Index*,[8] publicado pelo Banco Mundial (*The World Bank*) com o objetivo de aferir, em cada país, a eficiência das cadeias logísticas para conectar empresas e mercados, o Brasil ocupava, em 2018, a 56ª posição, de um total de 160 países. Entre os indicadores avaliados nesse índice, de modo desagregado, destacam-se no país a qualidade e competência logística (46ª posição), a infraestrutura (50ª), o rastreamento (51ª) e a pontualidade na entrega (51ª). Por outro lado, as expedições internacionais e a aduana situam-se, respectivamente, nas posições 61ª e 102ª. Na América Latina, o Chile, o Panamá e o México apresentam melhores desempenhos que o Brasil — respectivamente, as posições 34ª, 38ª e 51ª (Gráfico 2).

**Gráfico 2**: Ranking Índice de Desempenho Logístico, por país – América Latina (2018)

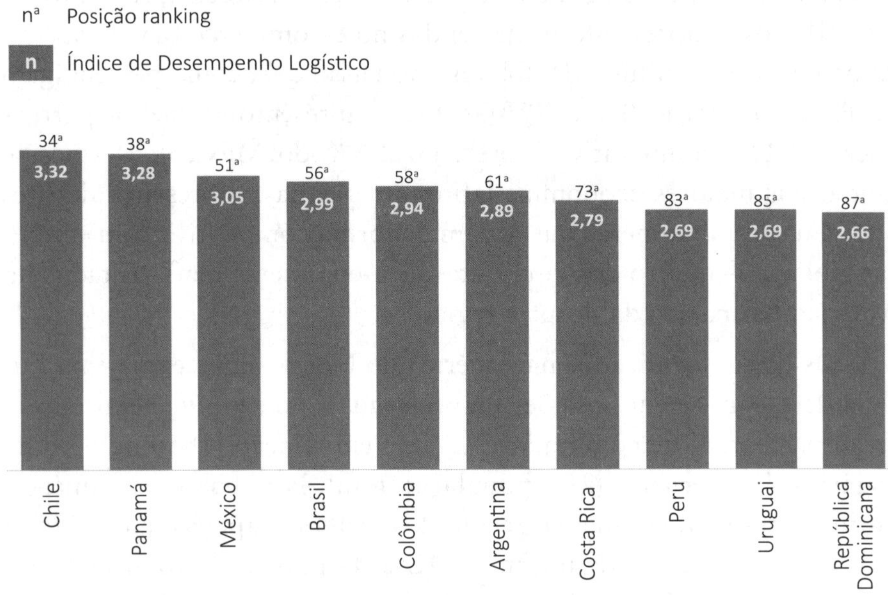


Fonte: Elaboração CNT, com dados de *The World Bank* (2018).

Quanto à facilidade de fazer negócios, o *ranking Ease of Doing Business*[9] publicado pelo Banco Mundial, em 2020, comparando 190 países, situou o Brasil na 124ª posição.[10] Nos indicadores que, de forma agregada, compõem essa avaliação, são mais bem avaliados o cumprimento de contratos (58ª), a proteção de investidores minoritários (61ª), a resolução de insolvências (77ª) e a obtenção de energia elétrica (98ª). Por outro lado, as piores avaliações couberam à obtenção de crédito (104ª), ao comércio transnacional (107ª), ao registro de propriedade (133ª), à abertura de negócio (138ª), à obtenção de licenças para construção (170ª) e ao pagamento de impostos e taxas (184ª). Oito países ocupam posições mais vantajosas na América Latina, entre eles Chile (59ª), México (60ª) e Colômbia (67ª). Os resultados para as principais economias latino-americanas são apresentados no Gráfico 3.

**Gráfico 3**: Ranking Índice de Facilidade de Fazer Negócios

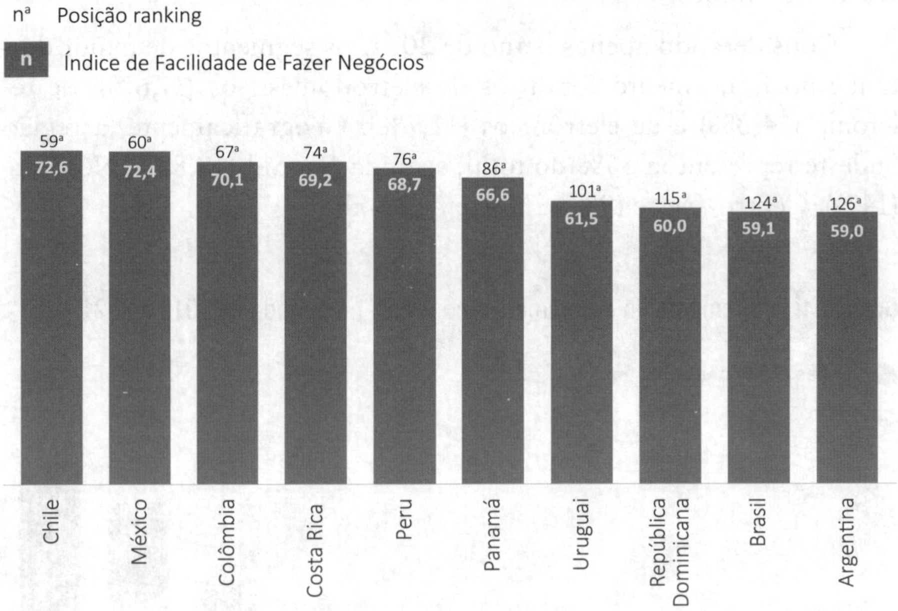


Fonte: Elaboração CNT, com dados de *The World Bank* (2020).

Dado o exposto, nota-se que o e-commerce no Brasil possui um enorme potencial de desenvolvimento. Fatores como o tamanho do mercado e os elevados índices de bancarização e de usuários da internet o tornam um mercado atrativo. Contudo, o desenvolvimento do comércio eletrônico encontra barreiras que atrapalham a sua expansão. São exemplos a complexidade dos procedimentos aduaneiros, a limitação de crédito, as altas carga e complexidade tributária e o excesso de burocracia.

Mesmo com as adversidades, os valores das vendas no e-commerce, no Brasil, cresceram em todos os anos no período de 2012 a 2021 (Gráfico 4), segundo dados da ABCOMM. Os incrementos mais significativos foram verificados nos biênios de 2019–2020 (40,6%) e 2018–2019 (28,7%). No total, as vendas online tiveram um crescimento de

495,7% no período de 10 anos, passando de R$ 25,3 bilhões para R$ 150,8 bilhões.

Considerando apenas o ano de 2021, os segmentos de maior destaque no faturamento foram os de eletrodomésticos (17,6%), de telefonia (14,3%) e de eletrônicos (11,7%). Geograficamente, a região Sudeste representou 55% do total, seguida por Sul (18,8%), Nordeste (14%), Centro-Oeste (9%) e Norte (3,2%).[11]

**Gráfico 4**: Faturamento do e-commerce, no Brasil, no período de 2012 a 2021

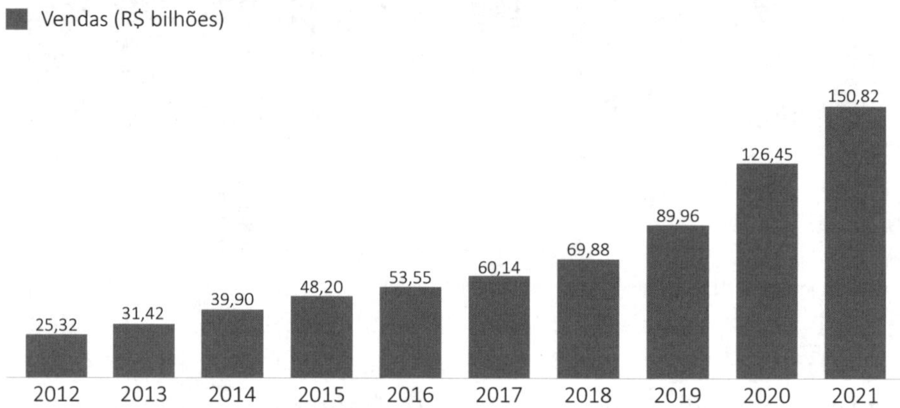


Fonte: Elaboração CNT, com dados da ABCOMM (2022).

O número de pedidos e o valor do ticket médio,[12] de 2012 a 2021 (Gráfico 5), também cresceram — respectivamente, 350% e 32,4%. Os pedidos, assim, passaram de 74,5 milhões a 335,2 milhões, e o ticket médio foi de R$ 340,00 a R$ 450,00 (Gráfico 6). Os maiores aumentos ocorreram nos biênios 2019–2020 (40,6%) — no número de pedidos — e 2014–2015 (11,4%) — no ticket médio.

**Gráfico 5**: Número de pedidos no e-commerce, no Brasil, no período de 2012 a 2021

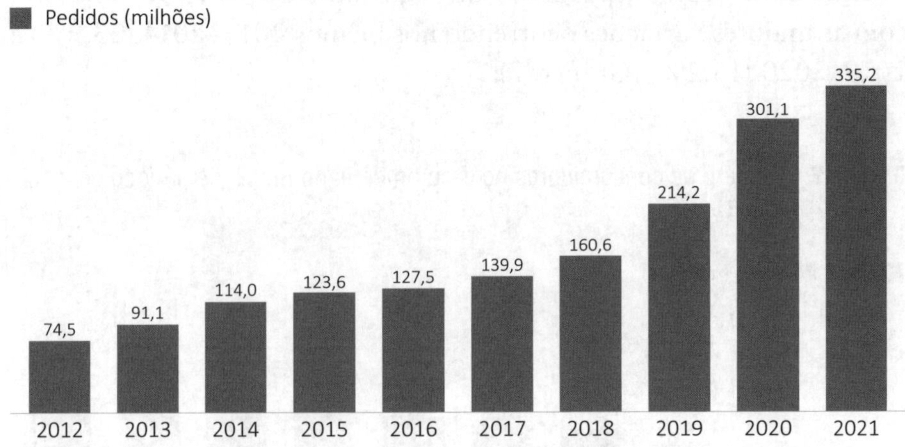


Fonte: Elaboração CNT, com dados da ABCOMM (2022).

**Gráfico 6**: Valor do ticket médio no e-commerce, no Brasil, no período de 2012 a 2021

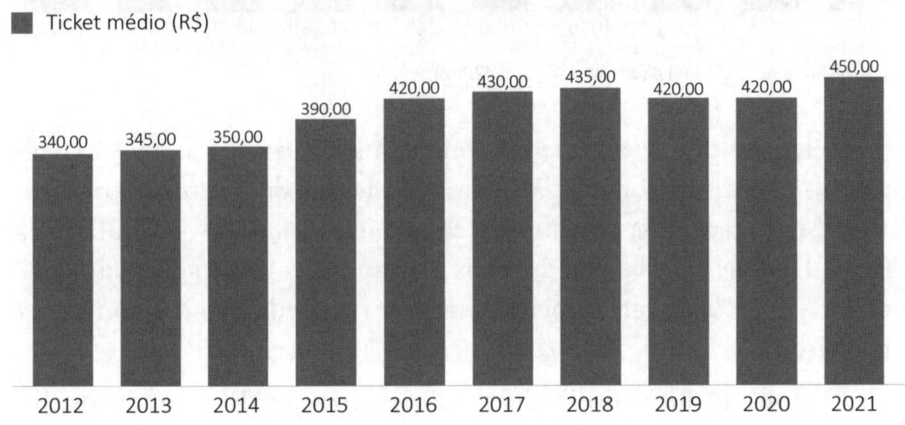


Fonte: Elaboração CNT, com dados da ABCOMM (2022).

O número de consumidores também aumentou no período de 2012 a 2021 (110%), passando de 38,0 milhões para 79,8 milhões, com as maiores variações ocorrendo nos biênios 2013–2014 (23,9%) e 2019–2020 (13,2%) (Gráfico 7).

**Gráfico 7**: Número de consumidores no e-commerce, no Brasil, no período de 2012 a 2021

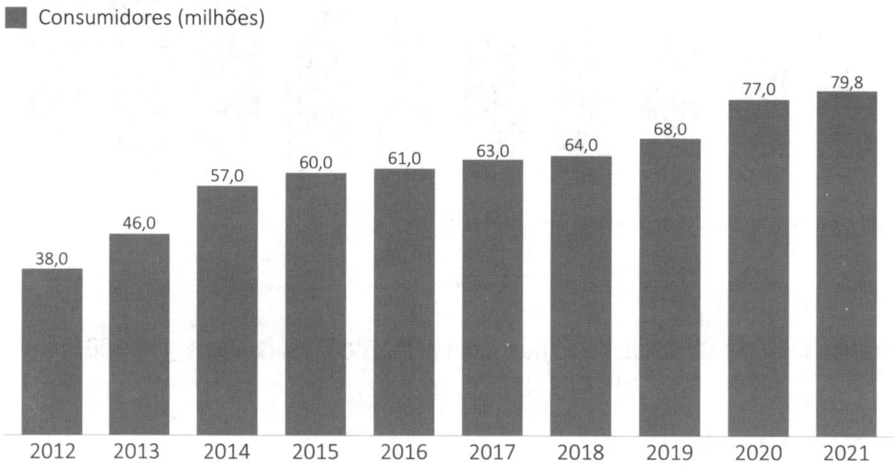


Fonte: Elaboração CNT, com dados da ABCOMM (2022).

Refere-se que as atividades comerciais estão sujeitas, nos artigos de aquisição discricionária, à sazonalidade das datas comemorativas. Em 2021, os principias eventos no calendário varejista — Natal, Black Friday, Dia das Mães e Dia dos Pais — responderam, respectivamente, por 21% e 19% do faturamento e do total de pedidos no e-commerce brasileiro.[13]

Quanto ao meio utilizado para a realização da compra, os dispositivos móveis predominaram, em 2021, em relação aos desktops, respondendo por 55% das transações no e-commerce brasileiro.

Considerados apenas os modelos de negócio *bricks-and-clicks*, *pure players* e fabricante direto, o primeiro teve a maior importância em faturamento — 73,1% — em 2020 (dados do primeiro semestre)

— tendo os demais, respectivamente, 23,3% e 3,6%. O modelo *bricks--and-clicks* também se destacou, no período, quanto ao número de pedidos, 64% do total, conforme representado na Gráfico 8. Quanto ao tipo de venda — própria e de terceiros (marketplace) ou apenas própria —, refere-se que o marketplace teve, em 2020, a maior participação no faturamento do e-commerce (78%), enquanto os segmentos com venda própria obtiveram os restantes 22%.[14]

**Gráfico 8**: Percentual do faturamento e número de pedidos no 1º semestre de 2020, por modelo de negócio

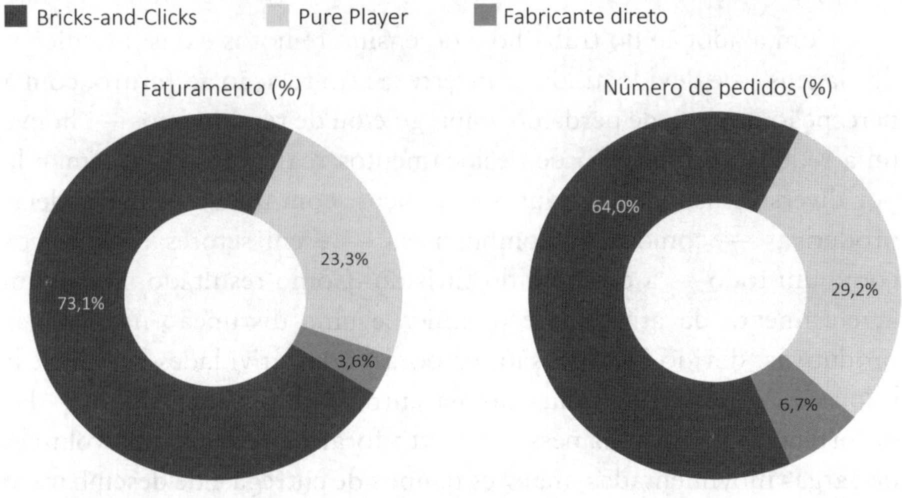


Fonte: Elaboração CNT, com dados da EBIT | Nielsen (2020).

No comércio eletrônico transnacional (*cross-border*),[15] os consumidores brasileiros adquiriram, em 2019, sobretudo artigos eletrônicos (50%), de telecomunicações (29%) e de moda e acessórios (21%). As principais razões apontadas para a realização das compras em lojas estrangeiras foram o preço baixo (83%), a indisponibilidade do artigo no Brasil (36%), a grande variedade de produtos (30%) e as promoções (30%). Por outro lado, os principais motivos de preocupação por parte dos clientes nessas empresas foram o tempo de entrega (67,5%), as taxas e impostos (41,3%), o risco de não receber o produto (33,2%) e as dificuldades na sua devolução e/ou troca (25,1%).[16]

Importa destacar, na evolução recente do comércio eletrônico no Brasil e no mundo, os impactos da pandemia[17] da covid-19. No sentido de inibir a proliferação da doença, foram adotadas, na generalidade dos países, medidas não farmacológicas — etiqueta respiratória (associada ao uso de máscaras), higienização das mãos e distanciamento social. Esta última, em particular, ainda que aplicada com diferentes graus de rigor, implicou restrições à movimentação de pessoas por um período prolongado. Houve, assim, uma brusca alteração nos hábitos e comportamentos dos indivíduos na grande maioria dos países.

Com a adoção do trabalho e do ensino remotos e das interdições de viagens — e devido ainda às incertezas em relação ao futuro, com a percepção de risco de perda do emprego e/ou de rendimentos —, houve uma redução do número de deslocamentos realizados e da demanda por diversos insumos, produtos e serviços, com impactos nas cadeias produtivas — como a de combustíveis — e em setores econômicos como um todo — a exemplo do turismo. Como resultado, houve um arrefecimento da atividade econômica e uma disrupção nas cadeias produtivas, devido à suspensão temporária das atividades em fábricas e lojas e às restrições sanitárias na entrada de países. Algumas das decorrências verificadas nesse contexto foram a redução nos volumes de cargas movimentadas, maiores tempos de entrega e de desembaraço aduaneiro de mercadorias e a indisponibilidade de contêineres.

Em um primeiro momento, tanto o comércio tradicional quanto o eletrônico, no contexto transnacional, foram afetados pelas referidas disrupções. Ao longo da pandemia, porém, houve em geral um processo de adaptação por parte das empresas e dos governos a essa nova realidade, de modo a se ajustarem aos novos desafios logísticos. Como resultado, tem-se verificado um crescimento das movimentações de mercadorias tanto em volume quanto em valores.

No âmbito doméstico, tirou-se partido do e-commerce para a realização de transações comerciais remotamente, havendo em parte uma substituição das compras realizadas presencialmente — inclusive para bens essenciais, como alimentos e medicamentos. Houve, assim, um aumento do comércio online, tanto em valores absolutos quanto em quota de mercado em relação ao comércio tradicional. Verificou-se uma tendência de empresas com presença apenas física que passaram a vender online — quer em sites próprios, quer em sites de terceiros (marketplaces). Novos canais, ainda, vêm sendo utilizados para a realização de compras online, a exemplo das redes sociais.[18]

Essa evolução recente pode ser verificada por dados do Ranking do Varejo SBVC, segundo o qual, das 300 maiores empresas do varejo no Brasil, o percentual que utilizava a internet como canal de vendas passou de 54% em 2019 para 70% em 2020. Nesse universo, destaca-se no período o crescimento do segmento de supermercados no comércio eletrônico, que passou de 28,5% para 52,4%. Verifica-se, ainda, uma expressiva concentração de mercado, na medida em que, atualmente, as cinco maiores empresas varejistas em volume de vendas online transacionam o equivalente a 58% do total das vendas do comércio eletrônico no país.[19]

CAPÍTULO 2

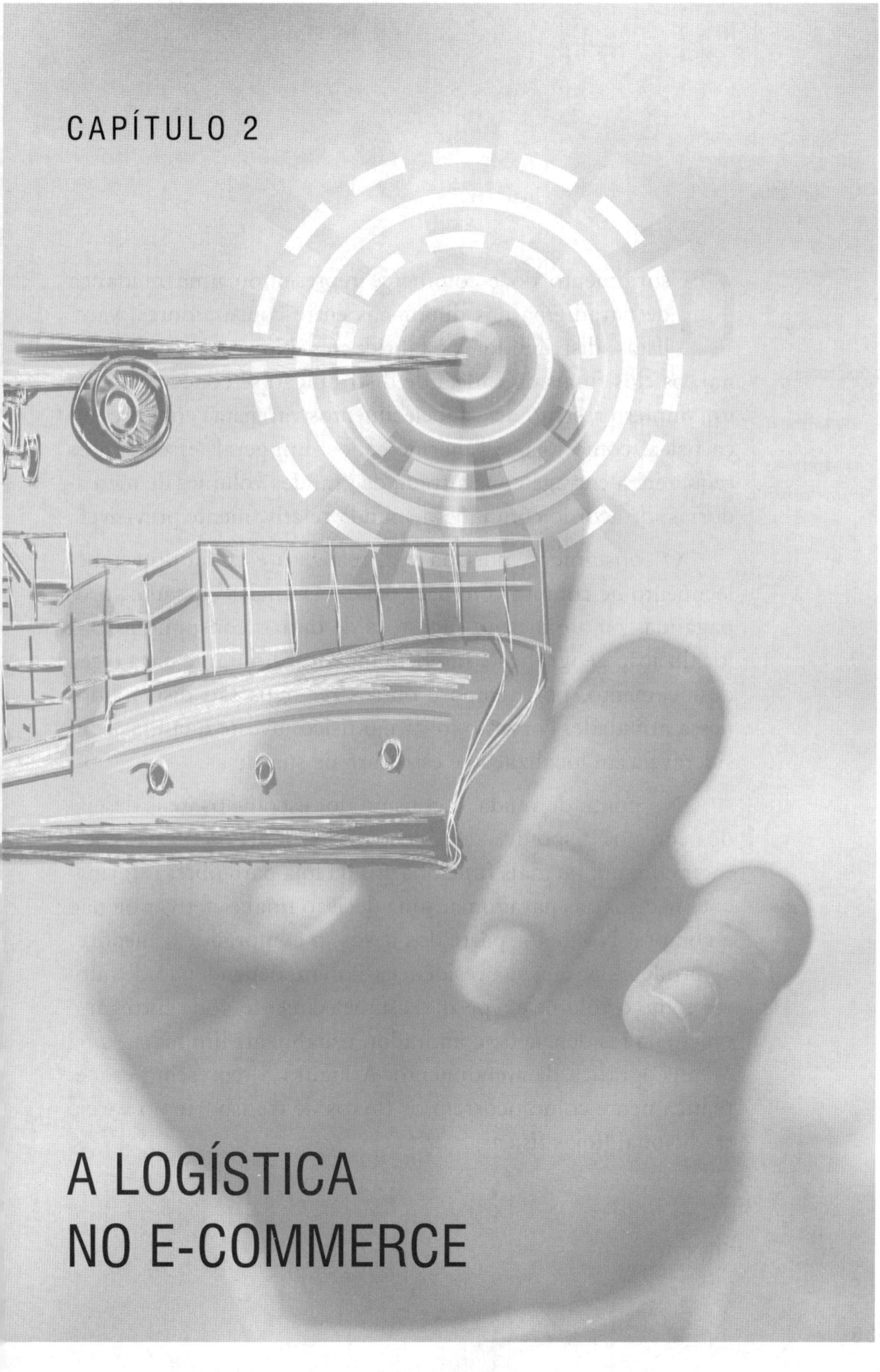

# A LOGÍSTICA NO E-COMMERCE

O surgimento do e-commerce representou uma mudança de paradigma nas dinâmicas entre consumidores, varejistas, distribuidores e fabricantes. No varejo convencional, os elos finais da cadeia de distribuição se concentram em um número restrito de estabelecimentos varejistas com presença física, como lojas e supermercados. Em geral, esses pontos requerem a entrega concentrada de grandes volumes de mercadorias, de acordo com uma demanda relativamente previsível.

O consumidor, por sua vez, realiza a escolha do estabelecimento de compra com base em experiências passadas, propagandas ou até mesmo sugestões de outros consumidores. A localização geográfica é também um fator limitante para o seu deslocamento, pois tempo e outros recursos são dispendidos nessa atividade. Portanto, o varejo físico investe quantias consideráveis em localização e estrutura de suas lojas.

No ponto de venda, o consumidor escolhe os itens desejados entre os disponíveis no mostruário, podendo ou não interagir com um ou mais funcionários da loja para obter informações necessárias para tomar uma decisão final e efetivar ou não a compra. Na maior parte dos casos, o comprador transporta os produtos para a sua residência. Porém, dependendo de fatores como o volume e o peso, o estabelecimento pode entregar o objeto na residência do comprador, usualmente limitado a uma área geográfica de atendimento. A Figura 3 representa esquematicamente como ocorrem os fluxos de transporte no varejo tradicional (lojas físicas).

**Figura 3**: Fluxo de transporte no comércio tradicional

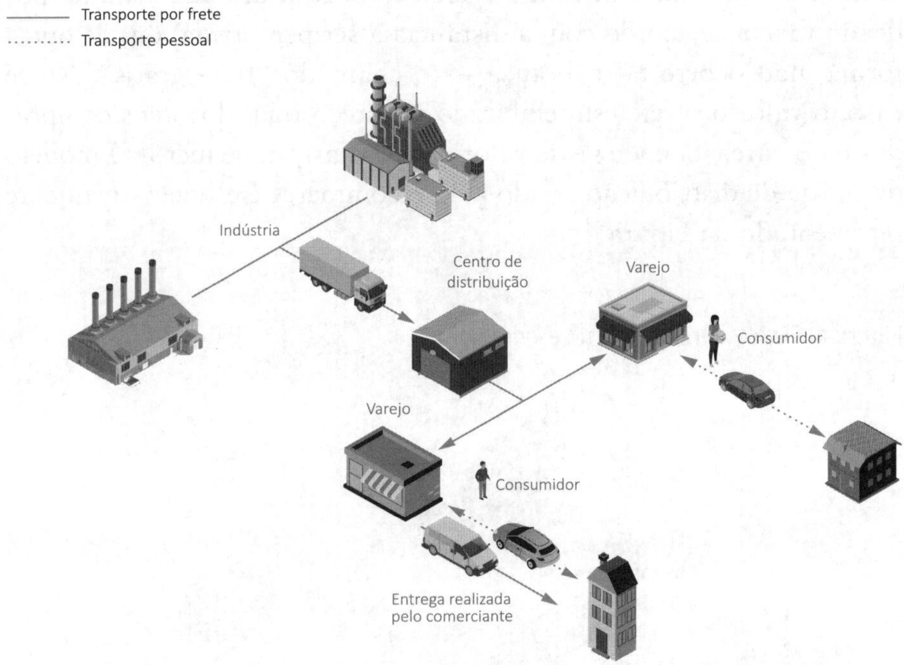


Fonte: Elaboração CNT.

No comércio eletrônico, essa relação é diferente. O consumidor acessa um site e navega pelo catálogo disponível. Depois de colocar os itens desejados na "cesta de compras", fornece os seus dados pessoais e paga eletronicamente usando cartão de crédito ou outras formas de pagamento. Toda a comunicação entre o consumidor e o vendedor é eletrônica. As mercadorias são, então, enviadas para o local designado. Nota-se, dessa maneira, que o e-commerce na sua forma inicialmente concebida elimina a etapa das viagens individuais do consumidor da sua jornada de compra. É importante destacar que, posteriormente, formas alternativas de compras online surgiram e incorporaram novamente o deslocamento ativo do consumidor. É o caso, por exemplo, da modalidade de clique e retire, na qual o consumidor compra no canal online, mas retira o pedido em lojas físicas.

Nas transações eletrônicas, o valor correspondente ao frete é cobrado do consumidor de forma evidente, na conclusão da compra (podendo variar de acordo com a distância a ser percorrida) ou, de outra forma, não ocorre tal cobrança — o chamado "frete grátis". Nesse caso, o valor do frete está embutido no preço final dos itens comprados ou o varejista deduz esse valor de sua margem de lucro. O modelo de cadeia de distribuição criado pelo e-commerce é esquematicamente representado na Figura 4.

**Figura 4**: Fluxo de transporte no e-commerce

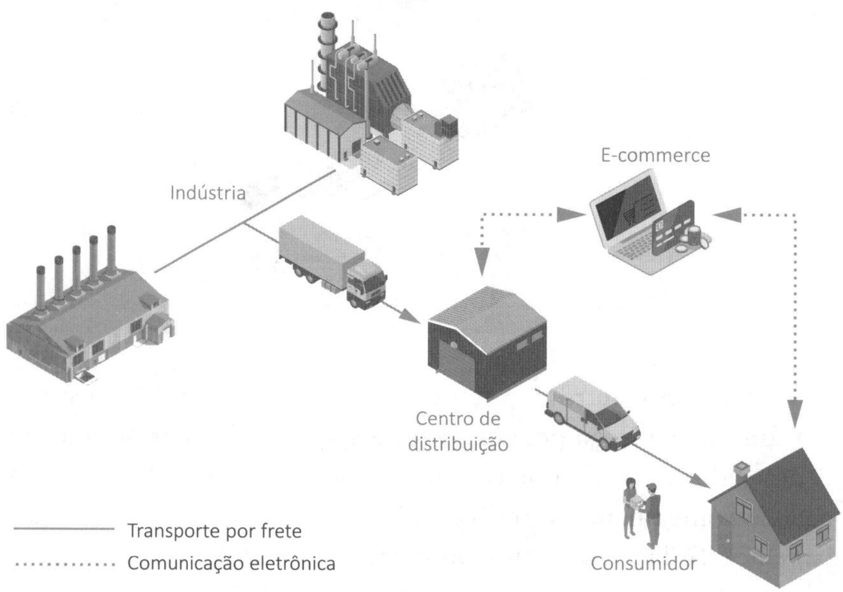


Fonte: Elaboração CNT.

Ao substituir as viagens individuais dos consumidores pelo envio da compra às suas residências, a logística para atender o e-commerce precisou ser adaptada, principalmente na modalidade B2C. Nesse modelo, a demanda é incerta e fragmentada, composta por um grande volume de pequenos pedidos de itens variados e destinos geograficamente dispersos.

Por definição, a logística consiste no processo de planejamento, implantação e controle, eficiente e eficaz, do fluxo e da armazenagem de produtos, bem como os serviços e informações associados, cobrindo desde o ponto de origem até o ponto de consumo, com o objetivo de atender aos requisitos do consumidor.[1] O Quadro 2, a seguir, resume as principais diferenças entre a logística tradicional e do e-commerce B2C.

**Quadro 2**: Principais diferenças entre a logística tradicional e a do e-commerce B2C

| | Logística tradicional | Logística no e-commerce |
|---|---|---|
| Tipo de carregamento | Consolidado (normalmente em paletes) | Fracionado (pequenos pacotes) |
| Clientes | Conhecidos | Desconhecidos |
| Fluxo de estoque/pedido | Unidirecional | Bidirecional |
| Destinos dos pedidos | Concentrados em poucos clientes | Altamente dispersos em diversos clientes |
| Demanda | Estável e consistente | Incerta e fragmentada |

Fonte: Elaboração CNT, com dados de Razollini Filho (2012).

Existe todo um processo logístico na retaguarda do e-commerce, que deve ser muito bem estruturado para que as empresas varejistas atuem de forma competitiva nesse mercado. Além da questão do transporte no final da cadeia, discutida previamente, inúmeras outras atividades logísticas devem ser realizadas para que o consumidor possa receber o produto que solicitou no prazo estipulado e nas condições adequadas. Nesse sentido, uma série de requisitos logísticos devem ser considerados. A seguir, são listados alguns deles:

- **estoques**: é imprescindível que exista integração entre o sistema de controle de estoques e a solução de comércio eletrônico, de modo que as informações de estoque disponíveis no site estejam alinhadas com a real disponibilidade do estoque físico da empresa;

- **centro de distribuição**: os centros de distribuição devem favorecer a separação[2] dos pedidos ao nível de itens individuais, com alto grau de eficiência, além de possuírem sistemas que possibilitem a administração de grande quantidade de pedidos, compostos de um pequeno número de itens;
- **entregas**: independentemente de as entregas serem realizadas pelo e-commerce com frota própria ou por prestador de serviço logístico, é de suma importância disponibilizar ao cliente ferramentas para o rastreio da encomenda;
- **logística reversa**: o modelo de venda online é mais propenso a taxas elevadas de devolução de mercadorias. Isso porque, ao efetuar a compra, o cliente não tem contato físico com os produtos e, ao recebê-los, pode ser constatado que eles não atendem às suas expectativas por razões diversas e acaba por exercer o seu direito legal de devolução (arrependimento). Portanto, convém a adoção de um eficiente sistema de logística reversa para atender a devolução dos pedidos, garantindo a comodidade dos clientes a custos competitivos;
- **ciclos de suprimento**: para haver harmonia nos ciclos de processos de suprimentos, é necessário informatizá-los de modo que o pedido seja enviado automaticamente para o fornecedor sempre que o nível de estoque atingir um patamar mínimo.

Consumidores e organizações realizam a compra de bens online em minutos, mas necessitam esperar dias ou, em alguns casos, semanas, para receber os seus pedidos. Assim, a questão da logística tem se tornado crítica para o desempenho do e-commerce, por contribuir de forma central para a satisfação do consumidor, ainda que seja um elemento pouco visível dessa cadeia. Além disso, a logística está diretamente relacionada com a competitividade. Obviamente, um sistema de entrega de qualidade e eficiente é crucial para a sobrevivência do e-commerce.

De certa maneira, pode-se dizer que parte das dificuldades logísticas se deve a questões intrínsecas à natureza do comércio digital, como o lapso temporal entre a finalização da compra e o recebimento do produto. Os consumidores tendem a demandar entregas cada vez mais rápidas sem, no entanto, estar dispostos a pagar quantias adicionais por essa facilidade. Todavia, ao longo dos anos, muitos fracassos no meio digital foram, em grande parte, resultado de um maior enfoque no desenvolvimento e marketing das plataformas de e-commerce em detrimento dos devidos cuidados com os aspectos logísticos do negócio.

Lojas virtuais com recorrentes problemas em suas entregas — atrasos, extravios das encomendas, itens faltantes e avarias nos pedidos — tendem a ser mal avaliadas pelos consumidores, o que pode rapidamente comprometer a sua existência. É importante ter em mente que a reputação no ambiente digital é também um fator de sucesso, imprescindível para o reconhecimento da marca e fidelização dos clientes.

Pelo exposto, fica evidente a função precípua dos sistemas logísticos para o desenvolvimento do e-commerce. As soluções logísticas adotadas no comércio tradicional não serão as mesmas para atender às demandas impostas pelo comércio eletrônico, e, por esse motivo, novos arranjos têm sido estabelecidos. A disrupção do modelo tradicional levou à ampliação dos serviços oferecidos aos consumidores. À medida que o varejo começou a operar simultaneamente nos meios online (e-commerce) e offline (lojas físicas), tornou-se cada vez maior a necessidade de integrar os diferentes canais utilizados pelas empresas, modelo conhecido por omnicanalidade (*omnichannel*).

A omnicanalidade é uma estratégia utilizada pelo varejo para integrar lojas físicas e virtuais, permitindo uma experiência única do consumidor, independentemente do canal por ele utilizado. Portanto, em um primeiro momento, a logística precisou se reestruturar para atender o meio online. Em um segundo momento, passou-se a incluir também a necessidade de unificar a experiência de compra em todos os canais. Nesse intuito, alguns processos logísticos precisaram ser redesenhados para atender à perspectiva omnicanal.

Na próxima seção é apresentada uma caracterização aprofundada das principais atividades logísticas no e-commerce, na qual se incluem as etapas do transporte e os seus modelos de distribuição. Na sequência, o trabalho enfoca os principais aspectos relacionados com o transporte voltado ao atendimento do e-commerce, concluindo com uma análise sobre as principais tendências e as novas tecnologias para o setor.

## Fluxos Logísticos no E-commerce

Nesta seção, busca-se, inicialmente, caracterizar as atividades logísticas de maior relevância relacionadas com o e-commerce e os modelos de cadeia de distribuição existentes. Ao final, são apresentados os principais agentes envolvidos no processo, e é detalhada a atuação de cada um deles.

A primeira etapa na cadeia corresponde ao **transporte na primeira milha**,[3] que compreende o transporte de mercadorias no primeiro trecho da cadeia de suprimentos, ou seja, do ponto de produção e/ou distribuição até as instalações do comerciante eletrônico, parceiro comercial ou transportador responsável pela entrega ao usuário final.[4] A destinação nessa etapa depende do tipo de rede de distribuição adotada, como se discute na sequência.

Nas instalações do e-commerce, ou de outra parte por ele designado, ocorre o ***fulfillment***.[5] Essa atividade é de vital importância para o comércio eletrônico, visto que todas as etapas de atendimento aos pedidos são abarcadas por ela. Isso inclui a recepção do pedido de compra, a verificação dos dados cadastrais e dos meios de pagamento, a gestão dos estoques, a separação, a embalagem[6] e a expedição dos pedidos. Além dessas atividades de retaguarda, outras de linha de frente (*front-office*) também estão inclusas nesse rol, a exemplo do serviço de atendimento aos clientes e do marketing.

O *fulfillment* dos pedidos com destino aos clientes finais pode ser realizado por agentes e pontos da cadeia de distribuição e por agentes diversos. As redes de distribuição são responsáveis pela movimentação e armazenamento dos produtos do seu fornecimento até o cliente final. Elas podem assumir diferentes configurações, principalmente em função das necessidades dos clientes — tais como tempo de entrega, variedade e disponibilidade de produto, experiência e facilidade de devolução — e dos custos associados com os atendimentos dessas demandas.

O equacionamento desses fatores com os custos operacionais é determinante para a lucratividade de uma empresa e para a manutenção da satisfação dos clientes. Os diversos desenhos de redes buscam otimizar os custos com estoques, transporte, instalações e manuseio, tendo em vista as demandas anteriormente relatadas.

Uma solução de rede de distribuição bastante utilizada no e-commerce é o modelo de remessa direta ou *dropshipping*. Nesse modelo, a transação é realizada diretamente entre o cliente e o e-varejista, sem que este último, no entanto, detenha a mercadoria em estoque. A informação com o pedido do cliente é enviada pelo e-varejista diretamente ao fabricante ou ao fornecedor parceiro, que se responsabiliza pelo processamento e embarque da encomenda até o cliente final.

De maneira distinta da remessa direta, o e-varejista pode optar por manter o estoque e realizar o processamento dos pedidos em centros de *fulfillment* próprios ou em instalações de operadores logísticos, ficando a coleta e o transporte das encomendas a cargo destes, de transportadoras ou, ainda, de frota própria.

A pressão por ciclos de pedidos mais curtos — sendo mesmo uma questão de horas para alguns tipos de mercadorias — e diferentes opções de entrega por parte dos consumidores levou à configuração de novas redes de distribuição, com instalações mais próximas — em regiões periféricas ou até mesmo nas áreas centrais — dos centros de consumo. Nesse sentido, tem sido crescente o uso da estrutura do varejo para essa finalidade. As lojas físicas estão sendo adaptadas para exercer um papel híbrido: o seu papel original de ponto de varejo físico e — mais recentemente — também o de centros de distribuição, no modelo chamado de *shipping-from-store*.

As lojas ocultas (*dark stores*) são uma alternativa viável para manter uma estrutura próxima aos centros de consumo e garantir uma resposta ágil aos clientes. Essas instalações são pontos para o armazenamento e *fulfillment* de pedidos exclusivos para o e-commerce, restritos ao acesso de clientes. Situam-se, normalmente, dentro dos grandes centros urbanos e possuem dimensões inferiores aos centros de distribuição convencionais.

Em seguida, são realizados o **processamento e a triagem**[7] das encomendas. Nessa etapa, elas são classificadas e agrupadas de acordo com os códigos postais de destino, rotas existentes e centros de distribuição nas proximidades do endereço de destino. Dependendo do tipo de rede de distribuição e porte das instalações, as atividades podem ocorrer na mesma localidade onde se desenvolve o *fulfillment* ou em estruturas específicas (*sortation center*).

A próxima etapa é representada pelo **transporte da milha do meio**, também conhecido como **transporte de longa distância** ou **transferência.**[8] O propósito dessa fase é conectar os pontos de abastecimento com os de demanda por meio de linhas de transporte[9] em carregamentos consolidados. A depender da rapidez requerida para a entrega e da malha logística disponível, o transporte normalmente ocorre por via terrestre ou aérea.

No final da cadeia ocorre o **transporte de última milha.**[10] O termo, originalmente, surgiu no setor de telecomunicações para designar o tramo final de uma rede. Posteriormente, passou a ser utilizado na logística para se referir à parte da cadeia voltada para a entrega ao consumidor final, definida pelo último trecho da entrega.

É importante definir a extensão da última milha até a localidade de preferência do consumidor, definida no momento da compra. Essa delimitação se faz necessária em virtude de novas modalidades de entrega que surgiram nos últimos anos, que demandam níveis diferentes de atuação de vendedores e consumidores. Em sua forma mais usual, as encomendas são enviadas para o local designado pelo consumidor — via frota própria, empresa de transporte de encomendas ou transportador autônomo.

Contudo, observa-se o avanço de modalidades de entrega em que o consumidor realiza parte do deslocamento por razões diversas, seja pela ausência de alguém no domicílio (ou outro local de entrega) ou pela diminuição do valor do frete. As entregas nessas modalidades ocorrem por intermédio de estruturas chamadas de centros de coleta e entrega. Mais conhecidos pelo termo Pudo (acrônimo para o termo em inglês *pick-up & drop-off*),[11] esses locais podem dispor de um serviço de atendimento ou não. No primeiro caso, os comerciantes normalmente adaptam estruturas existentes em suas lojas para fazer a entrega de compras online nesses recintos (*click & collect*)[12] ou firmam parcerias com outros estabelecimentos comerciais, que se encarregam por tal atividade (*pick-up point*).[13]

Os Pudos amparam-se no conceito de economia compartilhada, em que vendedores e compradores reduzem custos. Além dessa vantagem, os pontos Pudo contribuem ainda para a redução dos insucessos nas entregas e desempenham um papel social de fomento do comércio local, em virtude do aumento de potenciais clientes, por meio da circulação de consumidores que frequentam o estabelecimento para retirar e deixar as suas encomendas.

No modelo de Pudo sem atendimento, os consumidores se dirigem a uma estrutura, usualmente situada em locais de grande circulação, como estações de metrô ou prédios públicos, e realizam o autoatendimento para a coleta ou devolução de pedidos. Esse tipo de serviço é relativamente novo no Brasil, mas vem ganhando espaço principalmente com a implantação de armários inteligentes (*smart lockers*).

Uma outra etapa relevante iniciada na porção final da cadeia é a **logística reversa**, que ocorre apenas em caso de troca, devolução e, eventualmente, descarte no fim do ciclo de vida de produtos. Os produtos devolvidos retornam para os remetentes (varejistas ou vendedores de marketplaces), onde são devolvidos ao estoque ou enviados para o fornecedor/fabricante, a depender do problema verificado. A Figura 5 representa o fluxograma da cadeia logística no e-commerce com as suas principais configurações.

**Figura 5**: Fluxos logísticos no e-commerce

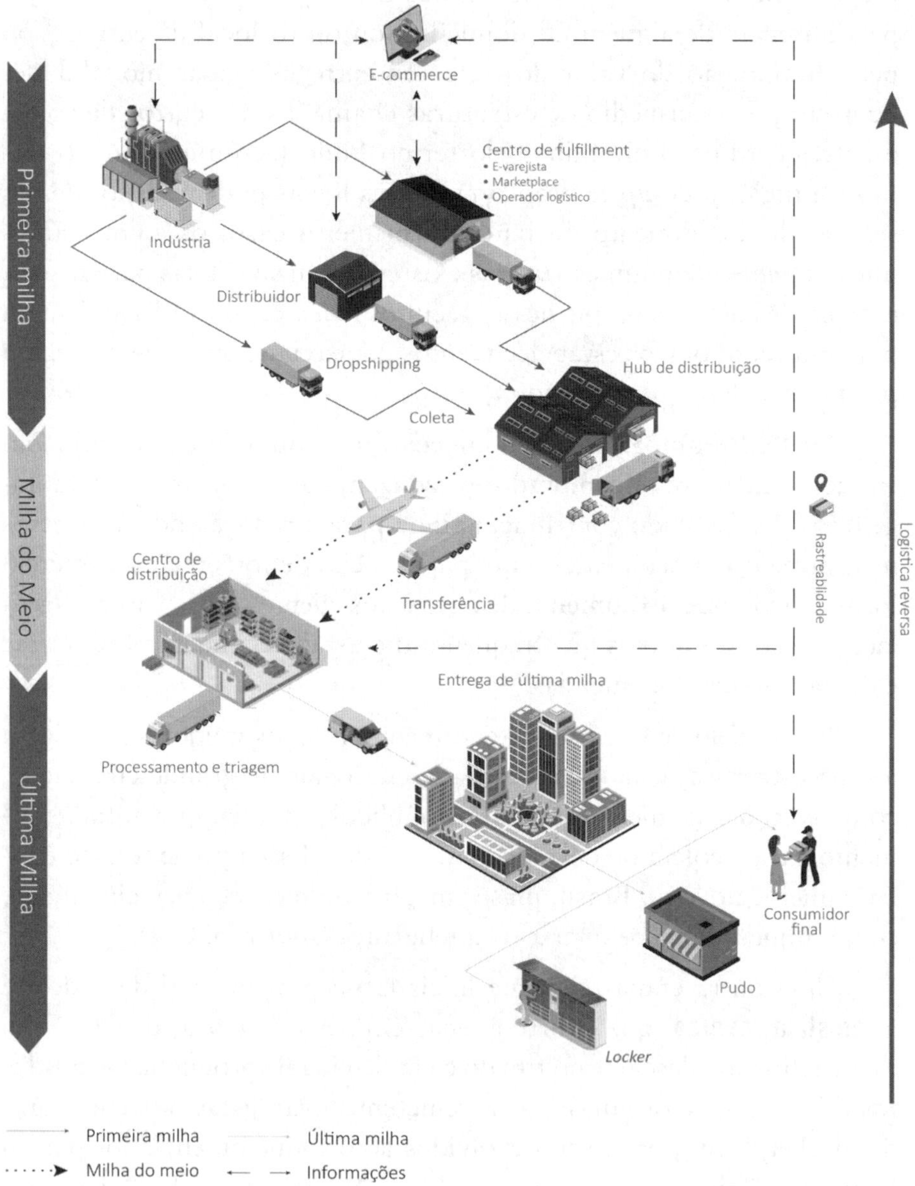


Fonte: Elaboração CNT.

## Principais *Players* na Logística do E-commece

A consolidação do e-commerce como uma alternativa à experiência de compra presencial aumentou sensivelmente a demanda por serviços de entregas. A partir de meados da década de 1990, ao passo que o comércio eletrônico se intensificava, as empresas de entregas que já tinham algum tipo de experiência nesse segmento, a exemplo das líderes globais no ramo de encomendas expressas — UPS, Fedex e DHL —, saíram na frente na conquista pelo então novo nicho. Em muitos mercados, essas empresas são atualmente os provedores primários de serviços de entrega para o e-commerce.

Diversas empresas postais, como U.S. Postal Service (Estados Unidos), Royal Mail (Reino Unido) e Correios (Brasil), se valeram também de sua vasta experiência na entrega de correspondências e encomendas, assim como da consolidada malha logística, para a prestação de serviços para o e-commerce. Os Correios são hoje os líderes de entrega de encomendas no mercado nacional, respondendo por 32,3% desse mercado.[14] Boa parte desse total provém do comércio, o que torna os Correios um dos agentes mais relevantes no âmbito do e-commerce.

Os Correios dispõem de serviços especificamente criados para atender o comércio eletrônico. Um exemplo é o "Correios Log +", uma solução de *fulfillment* e logística integrada oferecida para pequenos e médios estabelecimentos de comércio eletrônico, que presta serviços de armazenagem, separação, embalagem, transporte e logística reversa.

Observa-se que, ao longo dos últimos anos, os Correios expandiram o rol de serviços ofertados para atender o e-commerce, mas também outras demandas da sociedade. Além da sua atuação como prestadora de serviços postais e de encomendas, a estatal vem se consolidando como um operador logístico. Passaram por processo semelhante algumas das grandes empresas globais do ramo de encomendas expressas. Nos primórdios do e-commerce, empresas como DHL, FEDEX e UPS se limitavam às entregas. No entanto, a expansão do mercado veio acompanhada do aumento do portfólio de serviços por elas oferecidos. Novas soluções de *fulfillment* e *supply chain* foram sendo adicionadas aos seus portfólios, e, atualmente, essas empresas se transformaram em operadores logísticos, capazes de gerenciar todo o *fulfillment* do e-commerce, incluindo gestão de estoque, entregas, logística reversa e até mesmo o atendimento ao consumidor.

É importante destacar que a terceirização dos serviços de *fulfillment* facilitou novos entrantes — sobretudo pequenas e médias empresas — no e-commerce. Esses atores podem acessar o mercado sem que façam necessariamente investimentos intensivos em infraestrutura logística.

Nesse sentido, os marketplaces também contribuem para a democratização do e-commerce. Como abordado no Capítulo 1, na seção "Modelos de Negócio", as plataformas intermedeiam o acesso entre compradores e vendedores. Nesses ambientes, os vendedores (*sellers*) conseguem iniciar as vendas online sem grandes investimentos em desenvolvimento de site, integração e infraestrutura de segurança e pagamento e marketing; têm, por outro lado, maior exposição de seus produtos, escalabilidade e maior previsibilidade para aquisição de clientes, além de outras funcionalidades, como relatórios de vendas e comunicação com clientes.

As facilidades oferecidas pelas plataformas interessam também aos consumidores. A variedade de lojas parceiras, promoções e flexibilidade com formas e opções de pagamentos são alguns dos principais benefícios apontados por consumidores. Fato é que, em 2020, os marketplaces foram responsáveis por 84% de todo o faturamento do e-commerce, representando um crescimento superior a 50% em relação ao ano anterior.[15]

Além de atuarem como plataformas de vendas online, os maiores marketplaces brasileiros estão investindo esforços e recursos na criação de um ecossistema completo que garanta uma melhor experiência de compra para os seus clientes e alavanque o número de vendas. As soluções adotadas incluem, entre outras, serviços de pagamento e crédito, publicidade e também de logística.

No que concerne à logística, ela pode ser apontada também como uma estratégia de verticalização da cadeia de suprimentos. Diferentes setores a têm adotado como uma alternativa para ganhos de eficiência e vantagem competitiva. A verticalização propicia um maior nível de integração e compartilhamento de informações, o que facilita o processo de tomada de decisão. Citam-se também como benefícios o aumento nas margens de lucro, aperfeiçoamento na confiabilidade do serviço, redução nos ciclos dos pedidos, ganhos de eficiência na resposta a situações de emergências e melhoria do contato com o cliente. É o que ocorre com alguns marketplaces, como mencionado na introdução deste capítulo.

Nos últimos anos, alguns dos maiores marketplaces no Brasil, a exemplo do Mercado Livre, Magalu e Amazon, investiram maciçamente em centros de distribuição, centros de *fulfillment*, frota e, sobretudo, em tecnologia. Assim, os marketplaces figuram também como alguns dos grandes *players* logísticos no e-commerce. Os braços logísticos dessas empresas operam mercadorias de terceiros, bem como mercadorias próprias (logística *in house*). É importante ressaltar que alguns dos principais marketplaces tiveram origem no varejo e ainda operam nessa modalidade, ou surgiram no mundo virtual, mas também têm lojas próprias (ainda que eletrônicas).

Não obstante essas iniciativas de verticalização — não restrito ao e-commerce em geral —, existe uma crescente tendência de subcontratação de serviços logísticos. Espera-se, assim, que as empresas invistam mais recursos em sua atividade principal (*core business*) e recorram à contratação daquelas especializadas na gestão da cadeia de suprimentos ou com maior poder de barganha e escala para obter melhores condições de custos para suas atividades logísticas. É uma alternativa utilizada para alcançar novos mercados e oferecer um melhor nível de serviço aos clientes.

As empresas que realizam essas atividades são chamadas de Prestadores de Serviços Logísticos (PSL). O termo é usado para designar as que prestam serviços logísticos de todas as espécies, embora se responsabilizem por somente uma ou um número restrito de atividades.[16] Transportadoras, armazenadores, gerenciadores de recursos humanos e de informação são exemplos de PSL.

Diferentemente dos PSL, os Operadores Logísticos (OL) ou *Third-Party Logistics* (3PL) são empresas capazes de atender a todas ou praticamente todas as necessidades logísticas de seus clientes de forma customizada. A exemplo do que foi mencionado anteriormente, grandes empresas de remessas internacionais e entregas postais se transformaram em operadores logísticos nas últimas décadas. Outras empresas logísticas, originadas do ramo de transporte de cargas ou armazenagem, também atuam na prestação integrada de serviços. Os OL devem ter competência para, no mínimo, prestar simultaneamente serviços nas três atividades básicas de controle de estoques, armazenagem e transportes.[17]

O Quadro 3, apresentado a seguir, resume as diferenças na atuação dos prestadores de serviços logísticos e operadores logísticos quanto aos serviços e atividades ofertados, aos objetivos do contratante, à duração do contrato, ao grau de especialização do subcontratado e à contratação.

**Quadro 3**: Diferenças entre PSL e OL

| | **Prestador de Serviço Logístico (PSL)** | **Operador Logístico (OL)** |
|---|---|---|
| Serviços | Oferece serviços especializados. | Oferece soluções logísticas customizadas. |
| Atividades oferecidas | Atividades padronizadas (ex.: transporte ou armazenagem). | Diversas atividades e subatividades logísticas, no âmbito do transporte, estoques e armazenagem. Caracteriza-se pela integração e flexibilização das soluções oferecidas. |
| Grau de especialização | Alto grau de especialização em uma única ou poucas atividades. | Atuação em operação e gestão logística. |
| Objetivo do contratante | Minimizar o custo específico da atividade contratada. | Reduzir o custo total na cadeia logística de valor. |
| Contratação | Vendas *spot* ou contratos de curta a média duração (meses ou até um ano), com negociações no nível operacional. | Contratos de longa duração (cinco a dez anos), celebrados mediante negociações de maior complexidade nos níveis tático e estratégico. |

Fonte: Elaboração CNT, adaptado de ABOL (2020a).

Além dos PSL e dos OL, há a figura dos integradores logísticos ou *fourth-party logistics* (4PL), que são empresas voltadas a processos mais amplos e orientados para a integração e coordenação de atividades. Surgiram a partir da necessidade de embarcadores (clientes) por soluções completas de gerenciamento da cadeia de suprimentos, capazes de agregar mais valor à cadeia, via prestação de melhores serviços, entregas mais pontuais, redução de custos e na integração.

Os integradores logísticos, ao contrário dos demais PSL, não estão envolvidos na prestação de serviços. A sua atuação é orientada para gerenciar a interface dos 3PL e da empresa contratante. Os 4PL investem intensivamente em capital intelectual, tecnologia e ferramentas de gestão, em detrimento de ativos operacionais.

As *logtechs* constituem uma outra categoria de *players*, que são especializados no uso e desenvolvimento de novas tecnologias voltadas para logística. A sua atuação é bastante semelhante à de outras *startups* de nicho, como as *fintechs*, que atuam no segmento de finanças, e as *legaltechs*, no ramo de serviços legais.

A expansão do e-commerce e a adoção de estratégias de omnicanalidade estão exigindo ganhos de eficiência em toda a cadeia logística. Startups estão inovando no setor em busca de saídas para eliminar gargalos que impactam diretamente nos custos e na gestão da cadeia de suprimentos. Nesse contexto, soluções logísticas de destaque foram desenvolvidas por essas empresas, como alternativas para cotação, contratação e intermediação de frete entre embarcadores e transportadores (marketplace de frete), aplicação de inteligência artificial para gestão e entrega de produtos, uso da Internet das Coisas (IoT) para rastreamento de cargas e veículos, roteirização automática da frota e uso de drones para entregas na última milha.

O ambiente de inovações no setor logístico tem dado espaço aos transportadores autônomos no e-commerce. Nesse novo ambiente, caminhoneiros autônomos, proprietários de veículos convencionais (comerciais e de passeio), motocicletas e outros meios de locomoção estão envolvidos no transporte de encomendas. Na próxima seção, será discutida, com mais detalhes, a atuação desses atores.

Outros negócios logísticos também se beneficiaram com o crescimento do e-commerce. O mercado imobiliário, principalmente o de locação de galpões de alto padrão em condomínios logísticos, é um exemplo de expansão estimulada por esse fenômeno. Para abrigar operações de *picking* e *packing* e outras atividades logísticas, esses galpões — além de se situarem em endereços estrategicamente localizados próximos aos centros urbanos — dispõem de uma série de facilidades que visam aumentar a eficiência operacional. No triênio 2019–2021, registrou-se um aumento de 30,9% no estoque de instalações dessa categoria e a redução da taxa de vacância[18] para o patamar de 10% em 2021 — o menor nível dos últimos anos.[19]

Os agentes públicos figuram também entre os grandes intervenientes na logística voltada para o e-commerce. Como o espectro de produtos comercializados é grande e são diversos os modelos de atuação no meio digital, bem como a atuação na cadeia logística é abrangente, fazer uma lista exaustiva é uma tarefa complexa. Contudo, citam-se, entre os principais atores públicos, os órgãos fazendários nas diferentes esferas do Poder Executivo, órgãos anuentes nas operações de exportação e importação (no caso do e-commerce *cross-border*) e agentes fiscalizadores e reguladores.

Especificamente no âmbito do transporte, há uma série de licenças e autorizações que são necessárias para o exercício da atividade. A depender do modal utilizado, por exemplo, as licenças e regulamentações do setor ficam a cargo da Agência Nacional de Transportes Terrestres (ANTT) ou da Agência Nacional de Aviação Civil (Anac). Além das agências federais, destacam-se os órgãos que regulamentam o trânsito a nível municipal, fator determinante para a operação da *last mile*.

Por fim, mas não menos importante, estão os consumidores. De fato, esses intervenientes exercem um papel central nas relações em toda a cadeia de suprimentos. O atendimento às suas necessidades é elemento que tem motivado todas as mudanças na cadeia logística. As expectativas dos consumidores ditam o seu relacionamento com as marcas e, consequentemente, com a cadeia logística. A satisfação do consumidor será determinada pela conformidade do que foi entregue com o que foi pedido, pelas condições de uso e pelo prazo especificado, tendo a logística no e-commerce e aqueles que a desempenham papel fundamental nesse sentido. O Quadro 4, a seguir, resume os principais atores envolvidos com a logística no e-commerce.

**Quadro 4**: Principais *players* na logística do e-commerce

| ***Player*** | **Descrição** |
|---|---|
| Embarcadores | São os proprietários das mercadorias, representados pelos e-varejistas, em seus diferentes portes e modelos de negócio, e marketplaces. Dependendo da cadeia de distribuição, as próprias indústrias, fornecedores ou parceiros exercem a função de embarcadores. |
| Correios | É a empresa estatal responsável pela prestação de serviços postais e de encomendas. A empresa tem forte atuação no e-commerce, oferecendo serviços de entrega de volumes e soluções logísticas customizadas para o setor. |
| Marketplaces | São plataformas de e-commerce que transacionam tanto mercadoria "própria" quanto de terceiros — nesse caso, atuam na intermediação dos negócios entre compradores e vendedores. Atualmente, as maiores plataformas estão expandindo os seus negócios, incluindo a prestação de serviços logísticos. |
| Prestadores de serviços logísticos (PSL) | São empresas especializadas na prestação de uma única ou de algumas atividades logísticas a terceiros, mediante contrato. Transportadoras e empresas de armazenagem são exemplos de PSL. |
| Operadores logísticos (3PL) | São empresas capacitadas a prestar serviços de transporte, armazenagem e gestão de estoques, por meio de um ou mais contratos, com o uso de meios próprios e/ou por intermédio de terceiros. São focadas no desenvolvimento de soluções integradas e customizadas aos clientes. |
| Integradores logísticos (4PL) | São empresas focadas no gerenciamento da cadeia de suprimentos, considerando a integração entre os diversos 3PL e o seu contratante. |

▷

(Continuação)

| *Player* | Descrição |
|---|---|
| *Logtechs* | São empresas de tecnologia que desenvolvem soluções e inovações para o setor logístico. Algumas frentes de atuação das *logtechs* englobam os marketplaces de frete, o desenvolvimento de apps para roteirização e rastreamento de entregas e a operação de *armários inteligentes*. |
| Transportadores autônomos | Incluem-se nesta categoria os caminhoneiros autônomos e os proprietários de veículos convencionais, motocicletas, bicicletas e outros meios de locomoção. Esses transportadores têm ganhado visibilidade no e-commerce por meio da disseminação de soluções com base em tecnologia, atuando em etapas diversas na cadeia de distribuição do e-commerce. |
| Agentes públicos | Compreendem os agentes reguladores, fiscalizadores, aduaneiros e fazendários que têm interface com a cadeia logística do e-commerce. |
| Consumidores | São a parte central da atividade logística. As decisões dos consumidores determinam o que será demandado aos setores de e-commerce e à sua logística — quanto aos produtos, preços, prazos de entrega e formas de pagamento, entre outros. |

Fonte: Elaboração CNT.

# Transporte no E-commerce

Antes de adentrar no transporte propriamente dito, é importante fazer a diferenciação entre transporte e movimentação. Este último termo designa tudo o que ocorre dentro das instalações físicas da empresa. São comumente empregues equipamentos de menor porte para realizar a movimentação, como empilhadeiras, paleteiras ou esteiras. Caminhões também podem ser utilizados no caso de instalações de maior porte.

Quando a circulação ocorre fora dos limites da empresa, denomina-se de transporte. O transporte consiste na movimentação de matéria-prima, insumos ou produtos acabados ou semiacabados entre duas localidades distintas ao longo de toda a cadeia de suprimentos, do fornecimento à distribuição. Normalmente, o transporte representa o elemento mais relevante em termos de custos logísticos em diferentes cadeias logísticas. No Brasil, por exemplo, o setor de transporte responde por cerca de 6% do PIB[20] e gera, em suas diferentes modalidades, mais de 2,4 milhões de empregos formais,[21] posicionando-o como o terceiro maior empregador no setor de serviços.

O Gráfico 9, a seguir, mostra a distribuição dos custos logísticos na cadeia do e-commerce, evidenciando a relevância dos custos com transporte em relação aos demais.[22]

**Gráfico 9**: Custos logísticos no e-commerce

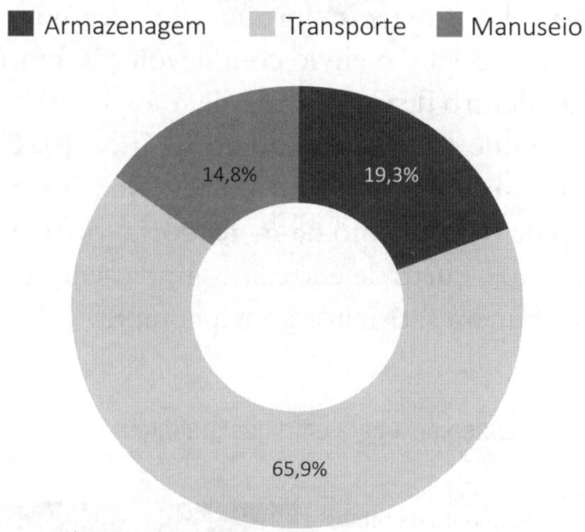


Fonte: Elaboração CNT, com dados da ABCOMM (2019).

É explícita a importância do transporte em termos de competitividade. Nesse contexto, as empresas que atuam no e-commerce — assim como em outros segmentos — tratam as suas decisões de transporte como um *trade-off*[23] entre minimizar os custos (transporte, estoque, informações, aquisições e instalações) e oferecer um nível de serviço mais elevado aos seus clientes.

Quanto a esse último aspecto, o comércio eletrônico apresenta particularidades e profundos desafios a serem superados. Existe uma imensa pressão por parte dos consumidores pela oferta de melhores serviços de entrega a um custo cada vez menor.

Esse contraste pode ser bem visualizado com base em resultados de pesquisas sobre o comportamento dos consumidores nas redes. Em uma delas, alguns internautas brasileiros foram questionados sobre os fatores que os levam a desistir de comprar online: 76% dos entrevistados apontaram o elevado valor do frete como o principal motivo.[24] Por outro lado, os consumidores têm expectativas elevadas quanto ao que deve ser oferecido por um serviço de frete. Em outra pesquisa realizada com consumidores brasileiros quanto às suas preferências em relação às entregas gratuitas, 64% dos entrevistados apontaram o rastreamento como o fator mais importante. Em seguida, ficaram a entrega no mesmo dia (56%), o envio com devolução gratuita (49%) e a entrega realizada dentro de uma janela de horário (38%). O resultado do levantamento pode ser visualizado no Gráfico 10. De acordo com a pesquisa, os consumidores valorizam ter uma informação precisa sobre o processo de recebimento da mercadoria (rastreamento e janela de horário), um prazo curto de entrega e, ainda, não terem custos adicionais caso não fiquem satisfeitos com a compra.

**Gráfico 10**: Opções de preferência para entregas gratuitas

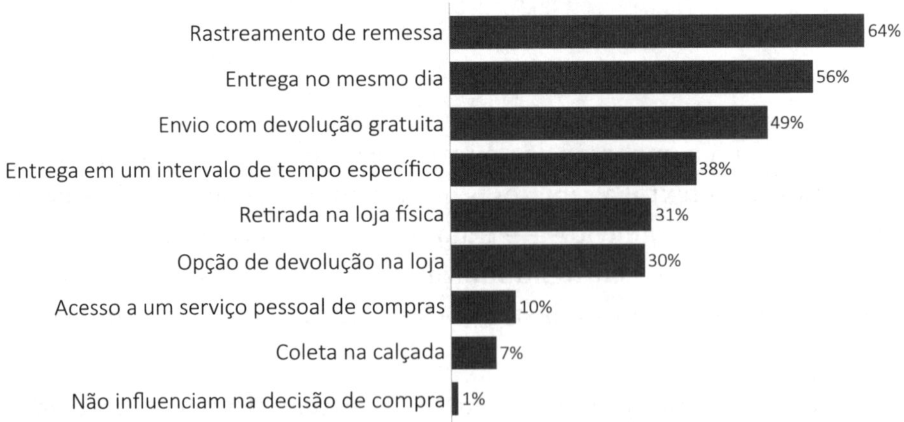


Fonte: Elaboração CNT, com dados da PWC (2018).

Nas aquisições online com a opção de serviços regulares de entrega, 68% dos consumidores esperam que suas encomendas sejam entregues no prazo de dois dias a uma semana. Todavia, quando considerado o pagamento de um valor adicional por um serviço de entrega, os consumidores mostraram-se mais exigentes quanto ao prazo. Cerca de 64% dos entrevistados aceitavam pagar um pouco mais por uma entrega em até um dia. Os resultados da pesquisa podem ser visualizados no Gráfico 11. Corroborando com a expectativa de prazos cada vez mais exíguos, prevê-se que as entregas no mesmo dia (*same-day delivery*) e entregas instantâneas sejam os segmentos que mais crescerão nos próximos anos, com aumentos de 36% e 17% por ano.[25]

**Gráfico 11**: Prazo esperado para entregas

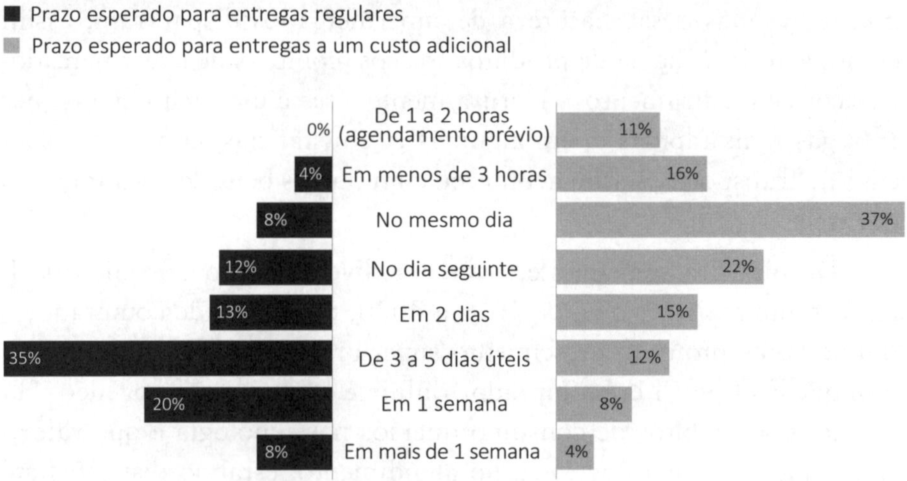


Fonte: Elaboração CNT, com dados da PWC (2018).

Em outra pesquisa realizada sobre os fatores mais relevantes no processo de entrega para os consumidores do e-commerce, a disponibilização de informações em tempo real sobre a entrega teve a preferência dos respondentes. Em segundo e terceiro lugares, ficaram a disponibilidade de entregas em locais diferentes e o sortimento de opções de entrega.[26]

Com base nos resultados apresentados, fica evidente que o transporte, na ótica do consumidor, não se restringe simplesmente à entrega das suas encomendas no prazo estipulado no momento da compra. O comprador anseia ter conhecimento sobre o andamento da sua encomenda. Para ele, o transporte e a informação são partes integrantes de um mesmo serviço. O código de rastreamento é, então, uma forma de se estabelecer um vínculo de confiança entre consumidor e vendedor, que precede o recebimento físico do produto. Dessa maneira, ele deseja ser avisado quando a encomenda foi postada, onde está o produto, quando ela chegará e se já saiu para a entrega, cuja velocidade também é um diferencial para o e-commerce.

A expansão do e-commerce, sobretudo pelo distanciamento social imposto pela crise sanitária causada pela covid-19, acelerou a diversificação de produtos vendidos online. Por exemplo, com a pandemia, as vendas dessa natureza de supermercados dispararam, assim como de toda a cadeia de produtos frescos (compras de supermercado, refeições e medicamentos). Naturalmente, esse é um nicho que requer entregas mais rápidas e, em algumas circunstâncias, condições especiais de transporte. Assim aconteceu com outros bens de consumo não duráveis.

De maneira semelhante, ocorre a diversificação dos clientes. É importante registrar que, de 2019 a 2020, o número de compradores online apresentou um crescimento superior a 13%, chegando a 79,8 milhões.[27] O perfil do comprador online é bastante heterogêneo. Há aqueles com hábitos de consumo imersos na tecnologia e que valorizam a agilidade e a eficiência no atendimento, estando dispostos até mesmo a pagar a mais por isso. No lado oposto do espectro está o grupo dos que desejam não pagar pelo frete: dispostos a aceitar, em contrapartida, um nível de serviço mais baixo.

A questão do frete grátis é um outro aspecto bastante apreciado pelos consumidores brasileiros. Ele é tido como um dos principais motivadores de compras pelos consumidores. Em 2020, 43% dos pedidos no e-commerce brasileiro tiveram frete grátis, o que representou um crescimento de 4% em relação ao ano anterior.[28] Muitos lojistas eletrônicos adotam essa prática como uma forma de aumentar a taxa de conversão de vendas, captar novos clientes ou até mesmo para aumentar o ticket médio de vendas, quando o frete grátis é oferecido a partir de determinado valor.

Dessa maneira, fica evidente que o valor do frete e o sortimento nos serviços de entrega são importantes para a conversão de vendas no e-commerce. Sobre esse último aspecto, a disponibilização de diversas opções de entrega com diferentes níveis de serviço já é uma prática consagrada no comércio eletrônico, influenciando diretamente os consumidores a concluírem as suas compras.

Varejistas e marketplaces estão constantemente monitorando as exigências e expectativas dos consumidores, buscando fornecer a melhor experiência aos seus clientes. Boa parte dessas demandas, como visto anteriormente, são endereçadas aos transportadores. Usualmente, o transporte das encomendas é realizado por terceiros: Correios ou transportadores privados.

Em menor escala, o transporte também ocorre por meio de frota própria. Apesar da reduzida participação no e-commerce, essa modalidade pode ser viável para negócios com uma movimentação significativa de encomendas ou também com características diferenciadas de produto, como tamanho de carga, valor ou perecibilidade. O transporte por conta própria pode ser também resultante de uma estratégia de verticalização da cadeia de suprimentos, como foi abordado na seção anterior.

Quanto aos serviços terceirizados, os Correios lideram as entregas de e-commerce no Brasil, por ser a opção mais conhecida e a de maior capilaridade, atendendo praticamente todo o território nacional. É importante ressaltar também que a maioria das lojas virtuais é constituída por pequenas empresas ou até mesmo pessoas físicas que, muitas vezes, só têm acesso a esse prestador de serviço. Os seus baixos volume e frequência de vendas não são suficientes para gerar contratos mais estáveis e condições de frete viáveis aos seus negócios junto às transportadoras.

Em 2019, os serviços da estatal respondiam por 62,5% do transporte no e-commerce. As transportadoras privadas representavam 33,4% do total, enquanto 4,2% das entregas eram realizadas com frota própria.[29] Apesar da ampla hegemonia dos Correios no e-commerce, nos últimos anos, verifica-se uma tendência de queda na sua participação do mercado, que já chegou a representar 81% das encomendas do comércio virtual em 2013. A participação da estatal é menor quando se trata de empresas de maior porte, que buscam se desvencilhar dessa dependência. Nessas empresas, o percentual é inferior a 30%.

De 2013 a 2019, houve também uma redução quanto ao uso de frota própria na participação das entregas. Em oposição, as transportadoras privadas galgaram espaço ano após ano, tendo mais que dobrado a sua presença no mercado no mesmo período. A participação das três principais formas de transporte no e-commerce ao longo dos anos pode ser observada no Gráfico 12.

**Gráfico 12**: Participação dos tipos de transporte no e-commerce

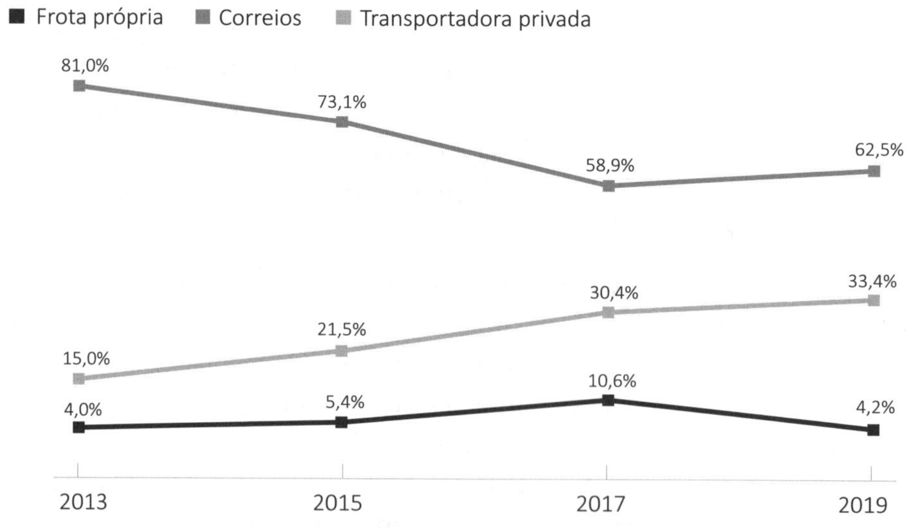


Fonte: Elaboração CNT, com dados da ABCOMM (2019).

Uma característica marcante do e-commerce é o uso de mais de um provedor de serviços de transporte. Além de atender às demandas dos diferentes perfis de clientes, a diversificação de fornecedores é também uma decisão estratégica dos comerciantes eletrônicos. Em uma pesquisa realizada com e-varejistas de todo o mundo, 70% das empresas afirmaram que utilizam mais de um prestador de serviço para realizar as suas entregas. A diferenciação das taxas entre as transportadoras concorrentes (73%) e a mitigação do risco de dependência exclusiva de um único provedor (68%) foram as principais justificativas para a adoção dessa estratégia. Negócios de maior porte são mais propensos a utilizar mais de um transportador, enquanto os menores tendem a atuar com um único provedor — predominantemente os Correios.[30]

No Brasil, 58,5% dos comércios eletrônicos utilizavam um único provedor de serviços de transporte de acordo com a região de destino das encomendas, segundo um levantamento realizado em 2019. Houve uma tendência de estabilização em relação a 2017, mas, ainda assim, verificou-se uma queda em relação aos anos anteriores, conforme pode ser visualizado no Gráfico 13. Entre as lojas virtuais que utilizavam os serviços de transportadoras privadas, em média, elas utilizavam 2,6 provedores de serviços.[31]

**Gráfico 13**: Uso de mais de um transportador por região

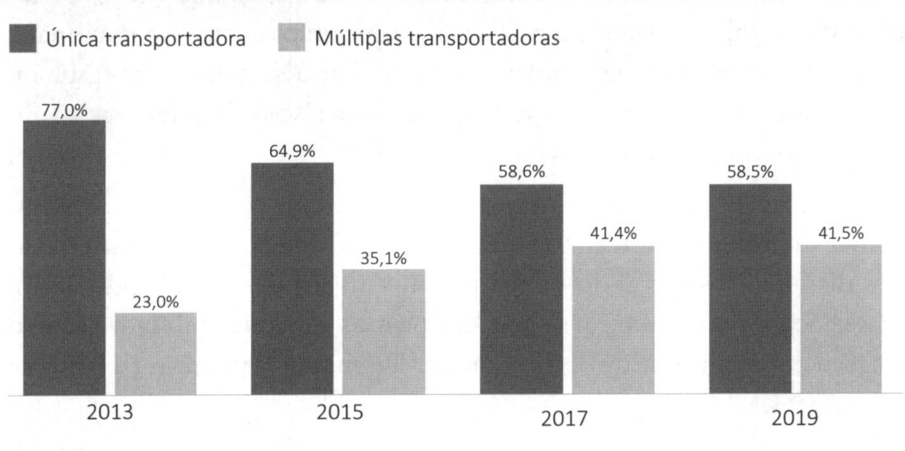


Fonte: Elaboração CNT, com dados da ABCOMM (2019).

Nas próximas seções deste capítulo, será apresentada uma análise sobre a cadeia de distribuição no e-commerce, enfatizando o transporte. A discussão tem início com os modos de transporte utilizados, e, na sequência, são abordados os principais aspectos sobre cada etapa do transporte: primeira milha, longa distância, última milha e logística reversa. Por fim, discutem-se aspectos relacionados à estrutura tarifária, à contratação e à documentação exigida para o transporte.

## Modos de Transporte

O e-commerce utiliza predominantemente os modais rodoviário e aeroviário. O transporte rodoviário é utilizado tanto para longas, médias e curtas distâncias, caso do transporte na última milha. A sua vantagem se dá, sobretudo, em função dos custos, normalmente mais acessíveis em comparação com o transporte aéreo. Outros benefícios incluem a flexibilidade e a prestação do serviço porta a porta, sem a necessidade do transbordo entre origem e destino e maiores frequência e disponibilidade do serviço.

Em contrapartida, a modalidade rodoviária apresenta limitações quanto à capacidade de carga. Os veículos utilizados transportam menos carga comparativamente aos modos de alta capacidade — como o ferroviário e aquaviário —, o que acaba por elevar o valor do frete, além de ser bastante impactado pela qualidade da infraestrutura rodoviária. Como será visto mais adiante, a baixa densidade e a precariedade da malha rodoviária brasileira aumentam os custos operacionais, tendo impactos em toda a cadeia logística. Deve-se mencionar também que o modal rodoviário é mais suscetível aos riscos de acidentes e roubos de carga durante o transporte.

O transporte aéreo, embora mais caro, tem como grande vantagem a sua rapidez no trajeto origem-destino, especialmente para grandes distâncias, superando os tempos de entrega do modal rodoviário. O serviço aéreo é bem avaliado em termos de confiabilidade. Outro diferencial é em termos de segurança. De maneira geral, o transporte aéreo sofre menos com roubos, que ocorrem com menor frequência em comparação com as rodovias brasileiras.

Por outro lado, além dos altos custos, o transporte aéreo apresenta como desvantagens a necessidade da integração com outro complementar para a primeira e última milhas e limitações quanto ao peso e tamanho das cargas. O tempo de conexão das cargas é maior. Trata-se de um setor bastante regulado, e, dependendo da localidade, o processo de liberação das cargas pode se tornar bem mais demorado.

Ainda em termos de regulamentação, esse setor tem de atender mais exigências de segurança dado o conjunto de restrições e procedimentos específicos para o transporte de determinados tipos de carga. Por exemplo: existem restrições e procedimentos especiais para o transporte de produtos com baterias, entre outros casos.

Os serviços de transporte aéreo são ofertados nas formas contratada e privada. Entre as formas de serviço aéreo diretos de maior relevância para o transporte no e-commerce, citam-se os transportadores por linhas regulares, carga geral, *charter* e internacionais. Também conhecido como transporte de carga de porão, o primeiro serviço é ofertado por companhias que operam linhas regulares de passageiros e aproveitam a conectividade de sua malha para o transporte de encomendas. O transporte de carga geral é operado por empresas de carga aérea que realizam voos regulares exclusivos para o transporte de carga. Já o *charter* é semelhante ao transporte de carga geral, embora as empresas não operem voos regulares.

Cabe registrar que o modal aéreo exerce um papel de fundamental importância para o e-commerce *cross-border*. Estimativas apontam que mais de 80% do e-commerce B2C global é movimentado por este modal,[32] que vem ganhando espaço com a globalização do e-commerce, sobretudo com os grandes marketplaces chineses ampliando as suas operações no Brasil. Atualmente, são operados voos regulares de carga que fazem a ligação entre China e Brasil.

Além do aéreo, o modal aquaviário também é muito utilizado no transporte voltado para o e-commerce *cross-border*. As encomendas são transportadas pela navegação de longo curso, normalmente em contêineres, visando a reduzir o tempo de manuseio, facilitar o transbordo intermodal e diminuir perdas e danos. Ainda assim, o tempo de entrega nesse caso é o mais elevado de todos. A reduzida velocidade operacional dos navios e a necessidade de integração para a consecução da coleta e entrega das mercadorias contribuem para essa condição. Por outro lado, em termos de custos, a navegação é substancialmente mais barata do que o transporte aéreo.

## Transporte na Primeira Milha

O transporte de primeira milha, como foi visto na seção sobre fluxos logísticos no e-commerce, corresponde à parte inicial da cadeia de suprimentos. A partir dessa definição, ela contempla tanto o transporte voltado para a manutenção dos estoques dos comerciantes eletrônicos quanto a primeira etapa de transferência das encomendas para o responsável pelo transporte de longa distância.

Enquanto instrumento voltado para a aquisição de estoque, a primeira milha é resultado de uma transação que ocorre entre empresas (B2B) que pode ou não ser realizada por meio eletrônico. Por não fazer parte do escopo deste trabalho — e-commerce B2C —, esta seção não detalhará a questão dessa etapa do transporte. Merece, no entanto, o registro de que ela também é demandante de transporte, voltada a garantir a aquisição de estoques e equilibrar situações de acúmulo ou a falta de produtos.

Durante a etapa de distribuição, a primeira milha no e-commerce também define o processo de transferência das mercadorias vendidas da instalação do vendedor (ou outra parte por ele designada) para o responsável pelo transporte. No modelo mais usual de transporte de primeira milha — bastante comum para pequenos e-commerces ou lojistas que vendem em marketplaces —, depois de recebida a ordem de compra, o lojista prepara a encomenda e se dirige até a empresa transportadora ou ponto de coleta para o devido despacho.

É comum, em alguns casos, que o marketplace ou a transportadora disponibilizem previamente uma etiqueta de postagem, que deve ser fixada à encomenda. Esse documento é gerado com base nas informações fornecidas pelo vendedor sobre remetente, destinatário, volume e serviço escolhido.

Na seção sobre fluxos logísticos, foi pontuado que os Pudos são uma alternativa para atender aos consumidores na última milha, mas também podem ser utilizados na primeira milha como um ponto de coleta. Em ambas as situações, essas estruturas podem diminuir os custos, pois a última/primeira "perna" do transporte ficam a cargo dos consumidores e vendedores. Ademais, a consolidação das encomendas em pontos concentradores permite a operação de veículos com menor capacidade ociosa.

Os lojistas, usualmente aqueles que vendem em maior escala, podem se valer também dos serviços de coleta realizados pelos transportadores. Quando um pedido é realizado em uma loja virtual, a transportadora deve receber com antecedência certas informações sobre ele, contidas na nota fiscal de venda, como o endereço de destino, o valor, o volume e o peso da encomenda.

A transmissão das informações pode ocorrer via EDI entre loja e transportadora ou por meio de outro sistema informatizado. De posse dessas, são gerados os documentos de transporte, conforme será visto mais adiante, e planejadas as rotas de coleta e entrega. Para cada coleta, gera-se uma ocorrência. Os registros gerados ao longo do processo são importantes para que se possa monitorar o status do pedido por embarcadores, transportadores e clientes.

O planejamento do processo de coleta deve ser bem orquestrado, sobretudo para as encomendas de caráter urgente. Nesse tipo de serviço, os veículos que fazem a coleta precisam retornar às bases operacionais dentro de uma janela de tempo hábil para o descarregamento e consolidação das cargas de acordo com os diferentes destinos, a partir dos horários de saída dos veículos de transferência.

Os serviços de coleta ocorrem predominantemente ao final do período comercial. A expedição é uma das últimas atividades realizadas pelas empresas, que costumam consolidar todas as vendas realizadas no dia para fazer um único envio. Pesa também o fato que alguns marketplaces têm por política penalizar o vendedor para encomendas enviadas tardiamente, e, por isso, os lojistas, geralmente, optam por fazer esse único despacho.

Para lidar com o pico diário de demanda, as empresas de transporte precisam complementar a frota em operação nesses períodos para atender a múltiplos fornecedores em um curto espaço de tempo. A maior parte das coletas ocorre em meios urbanos, sobretudo em áreas industriais e comerciais. As condições operacionais nessas localidades são afetadas pelos elevados índices de congestionamento e longas distâncias percorridas, que acabam por limitar a produtividade da operação. Dessa maneira, é importante que se estabeleçam rotas de coleta, dividindo a cidade em áreas de atuação de acordo com a demanda, dimensionando adequadamente a quantidade e frequência de veículos, bem como estabelecendo limites de paradas por veículo e as condições para admissão das encomendas, entre outras questões que influenciem no desempenho da operação.

Discute-se na próxima seção a etapa seguinte no transporte das encomendas: o transporte na milha do meio.

## Transporte na Milha do Meio

A etapa de transporte na milha do meio é também conhecida como transferência ou transporte de longa distância. Ela compreende o deslocamento das encomendas pela rede logística dos transportadores, do ponto em que são consolidadas após a coleta — ou diretamente nele despachadas — até a instalação que precede a última parte do transporte em direção ao consumidor final (última milha). As redes logísticas são formadas por conexões, conhecidas como linhas de transferência, e nós, representados pelas bases operacionais (centros de transferência e distribuição).

A ideia por trás das redes logísticas é permitir a integração entre mercados, equilibrando de forma competitiva a rapidez e a qualidade requerida pelos clientes com os custos operacionais e investimentos necessários para construí-las. Existem empresas cuja abrangência se limita a um grupo de cidades ou uma única Unidade da Federação. Algumas atendem regiões específicas, e outras, em menor número, atendem todo o país.

É importante registrar que o transporte de cargas no Brasil é extremamente concentrado nos grandes centros urbanos, sobretudo nos estados de São Paulo, Rio de Janeiro e Minas Gerais e respectivas regiões metropolitanas. São, ao mesmo tempo, os maiores mercados consumidores e detentores de maior parcela da atividade industrial e comercial do país. Em um segundo plano, as demais capitais estaduais e polos regionais são os maiores demandantes dos serviços de transporte, e, por fim, figuram as demais cidades, grande maioria do território brasileiro. Essa discrepância econômico-espacial é responsável por grande desequilíbrio nos fluxos de carga no Brasil, que gera ociosidade nas viagens de transferência e que onera os custos de transporte.

As grandes redes de transporte são concebidas seguindo essa lógica de distribuição geográfica e econômica do país. Convém destacar que, no Brasil, a grande maioria dos centros de expedição de pedidos do e-commerce se localiza no interior do estado de São Paulo, principalmente nas proximidades e na região metropolitana da capital. Os centros nesta última localidade visam atender à demanda de entregas no mesmo dia e no omnicanal. O interior do estado de Minas Gerais é outra região que vem se tornando atrativa para o e-commerce e outras atividades, principalmente na região de Extrema — cidade estrategicamente localizada a cerca de 100 km de São Paulo e de 500 km do Rio de Janeiro e Belo Horizonte —, que oferece também atrativas condições fiscais para a captação de investimentos.

Pelo lado da demanda, a região Sudeste responde por mais da metade do faturamento gerado pelo e-commerce (55%), seguida pelas regiões Sul (18,3%), Nordeste (14%), Centro-Oeste (9%) e Norte

(3,2%).[33] A seguir, discute-se um modelo genérico de malha logística, formada por malhas principal e regionais, representado pela Figura 6.

**Figura 6**: Exemplo de malha logística

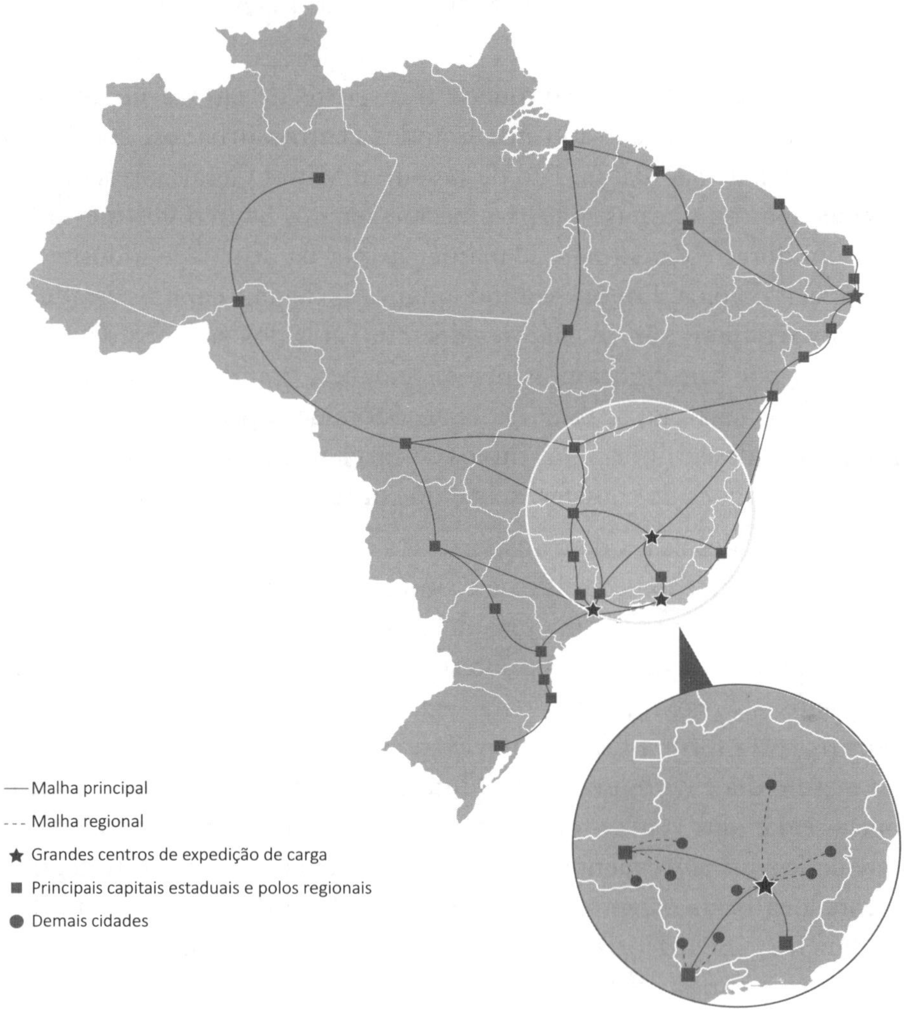


Fonte: Elaboração CNT, adaptado de Lummare Júnior (2007).

As malhas são formadas por estruturas operacionais, organizadas em níveis hierárquicos distintos. No nível superior, estão os grandes centros de transferência. Essas estruturas localizam-se próximas aos principais centros de expedição de carga. São regiões concentradoras de atividade econômica. A efetiva participação nesses mercados pressupõe também a existência de estruturas de distribuição e frotas necessárias para a coleta e a entrega na região.

As estruturas principais se conectam por meio de linhas de transferência, que as ligam diretamente às principais capitais estaduais e polos regionais, membros do segundo nível hierárquico. Essas cidades caracterizam-se por uma economia desenvolvida e por possuir uma demanda de transporte que justifique a implantação de uma ligação direta. As ligações entre as bases no primeiro e no segundo níveis hierárquicos compõem a **malha principal.**

As bases no segundo nível desempenham um papel estratégico de integração entre as malhas principal e regionais. A partir delas, são acessadas as bases de menor porte, formando as **malhas regionais.** As estruturas no terceiro nível em diante situam-se, normalmente, em cidades menores dentro de uma área de influência, limitada a um raio máximo de distância da estrutura do nível anterior.

Dessa maneira, há rotas mais curtas, e a concentração de encomendas melhora a eficiência operacional e evita a ociosidade no transporte. As estruturas no terceiro nível são normalmente filiais ou franquias que, além da transferência de carga, atuam também na integração do transporte de primeira e última milhas.

Em mercados de baixa demanda, é comum o uso de transportadoras regionais para o transporte de encomendas das filiais aos destinos finais ou até mesmo a prática de redespacho pelos Correios. De maneira semelhante, nem todas as linhas de transferência costumam ser operadas por veículos e motoristas da própria empresa. É frequente a terceirização ou agregação de frota. Essa prática permite que as empresas operem em determinado negócio sem a necessidade de investir em aquisição e manutenção veicular e encargos trabalhistas. Transportadores autônomos também podem ser utilizados, sobretudo para lidar com oscilações de demanda.

A descrição acima volta-se para a caracterização de uma rede de distribuição nacional, com três níveis. Contudo, a abrangência da rede, a definição de níveis e a quantidade de destinos inseridos em cada nível é uma decisão estratégia única de cada empresa.

Ressalta-se, também, que as transferências na milha do meio podem ocorrer com a integração de mais de um modal. O rodoviário é o mais utilizado para o transporte de carga no Brasil e também detém a hegemonia no transporte de mercadorias originadas do e-commerce. Todavia, o modal aéreo tem sido bastante utilizado para um nicho específico: as entregas expressas.

Nesse tipo de serviço, o produto adquirido tem prioridade na separação, embalagem e envio. Dependendo da localidade, a entrega pode ser feita em até 24 horas. Ao se analisar o Brasil como um país de dimensões continentais, a utilização somente do modal rodoviário limita a abrangência do serviço às proximidades dos centros de distribuição.

Em todos os níveis, as estruturas de transferência e distribuição atuam de maneira semelhante às plataformas de ***cross-docking***. Trata-se de um tipo de operação em que são recebidos carregamentos completos de origens diversas, e, dentro das instalações, ocorre a separação, movimentação e consolidação das encomendas. Os volumes são transferidos da área de recebimento para a expedição, onde ocorre o carregamento dos veículos de transferência ou a distribuição, quando partem para a etapa seguinte do transporte.

Esse tipo de instalação requer plataformas com docas para recebimento de um lado e docas de expedição do outro. Há também a necessidade de uma área para a formação de um estoque mínimo, pois os pedidos são montados com mercadorias provenientes de muitas origens, o que pode demandar certo tempo até o fechamento da carga para envio ao destino final — normalmente questão de horas. A Figura 7 ilustra o fluxo de mercadorias no *cross-docking* em suas três principais etapas: recebimento, consolidação e carregamento.

**Figura 7**: Exemplo de fluxo de mercadoria no *cross-docking*

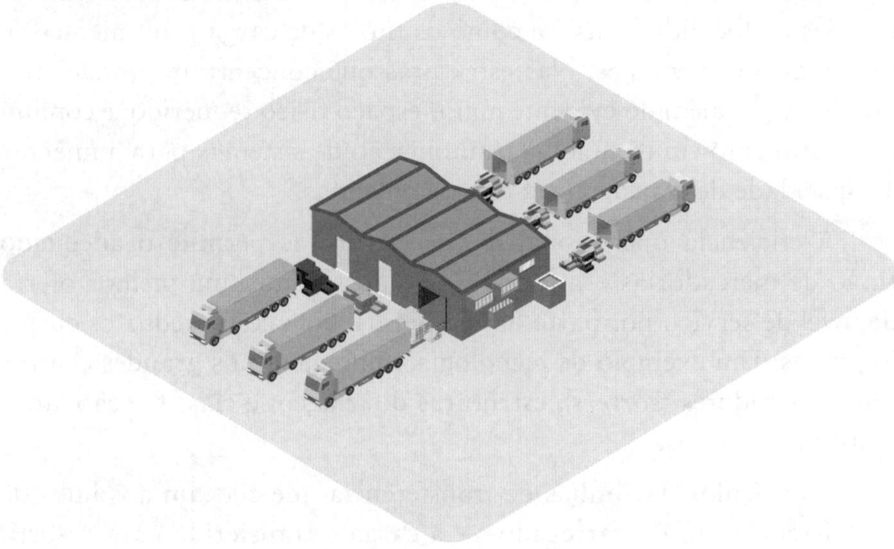

Fonte: Elaboração CNT.

Essa operação permite uma redução significativa nos custos de transporte, uma vez que viabiliza a movimentação das cargas consolidadas por grandes distâncias. Não há necessidade de instalações para *picking* e armazenagem, pois as encomendas já chegam embaladas e com os respectivos destinatários definidos e, por esse motivo, podem ser prontamente expedidas.

As operações de transferência requerem uma estrita cooperação entre os intervenientes e a integração entre as operações de recebimento e expedição dos produtos. Com esse intuito, é frequente a sua integração com sistemas de informação, como a transmissão eletrônica de dados, a identificação de produtos por códigos de barras e o uso de sistemas de gerenciamento de armazenagem (WMS — *Warehouse Management System*). Essas são ferramentas imprescindíveis para coordenar o intenso volume de cargas movimentadas em um curto espaço de tempo.

Quando se trata das instalações da malha principal, elas devem ser robustas o suficiente para comportar o volume de encomendas expedidas na localidade, assim como os fluxos de carga provenientes de inúmeras outras praças. Nas estruturas que concentram grandes fluxos de carga, além do evidente maior espaço físico requerido, é comum o investimento em tecnologia e automação de sistemas para aumentar a capacidade de transferência das encomendas.

A eficiência operacional dessas estruturas permite o adequado fluxo de mercadorias e informações e possibilita uma melhor oferta de nível de serviço por parte das empresas, bem como reduz os custos logísticos. Um exemplo de tecnologia empregada nos grandes centros são os sortidores (*sorters*), estruturas de triagem e classificação automática de pedidos.

Os veículos das linhas de transferência que chegam aos hubs de transferência são descarregados, e a carga é transferida para o sortidor, que é um equipamento dotado de sistemas de leitura ótica, células fotoelétricas, balança e medidor de volumes integrados aos sistemas de WMS dos hubs. A máquina lê as informações da etiqueta de cada encomenda com o auxílio de *scanners* de código de barra e faz o direcionamento por meio de um conjunto de esteiras até os canais de saída, definidos pelas linhas de transferência e rotas. Ao final do processo, os veículos de transferência ou entrega são carregados conforme os respectivos destinos das encomendas. A Figura 8 mostra a operação de um sortidor na transferência de encomendas.

Assim como as estruturas de transferência, as linhas de transporte devem estar dimensionadas para atender aos fluxos de carga gerados entres diferentes pares de origem e destino. Por exemplo, a ligação entre Rio de Janeiro e São Paulo certamente requer veículos de maior porte e frequência do que de São Paulo a Campo Grande (MS). Outro aspecto relevante versa sobre a integração de horários entre as chegadas e partidas entre as linhas de transporte das diferentes malhas.

**Figura 8**: Operação de transferência com esteiras

Fonte: Arquivo Sistema CNT.

## Transporte de Última Milha

A última milha compreende a etapa final sob responsabilidade da transportadora, iniciada na última instalação — um centro de distribuição ou loja física, por exemplo — em direção ao consumidor final — residência, local de trabalho, armário inteligente, ponto de coleta ou outra localidade. O veículo que realiza essa etapa normalmente cumpre uma rota previamente estabelecida com os endereços das entregas. À medida que a percorre, as encomendas são deixadas nos seus respetivos endereços finais. No destino, o responsável pela entrega registra o nome e outros dados pessoais dos responsáveis pelo recebimento. Nesse momento, o receptor assina o canhoto da nota fiscal, lista de entrega ou diretamente no sistema eletrônico da empresa, e é gerada uma ocorrência de entrega para o rastreamento da encomenda.

Pode-se dizer que o primeiro desafio na última milha é concluir a entrega com êxito. Os principais motivos para o insucesso nesse tipo de entrega são a ausência do destinatário ou endereço não encontrado. É comum que se façam até três tentativas de entrega antes de redirecionar a encomenda para o remetente. Porém, a complexidade dessa etapa está longe de se limitar unicamente a esse aspecto. De fato, a logística de última milha é uma das atividades mais críticas na cadeia de suprimentos, apontada por muitos como a mais cara, menos eficiente e de efeitos ambientais mais nocivos.

Com a expansão do e-commerce, atender as preferências do consumidor se tornou um diferencial competitivo para as empresas que, incessantemente, buscam oferecer entregas cada vez mais rápidas e flexíveis. O foco migrou da entrega de um produto para a prestação de um serviço capaz de garantir a fidelização do cliente.

Nessa corrida, alguns varejistas se anteciparam e estão fazendo esforços significativos para remodelar as suas cadeias de suprimento, com um objetivo: levar os seus produtos o mais próximo possível do consumidor final e, assim, conseguir reduzir os custos de transporte e o tempo de entrega. Ao fazer isso, as cadeias — antes concentradas em alguns pontos — estão se adaptando ao modelo omnicanal, transformando-se em complexas redes, formadas por diversos nós. Citam-se como exemplos as ações voltadas para a adaptação de lojas físicas ao funcionamento de pequenos centros de *fulfillment*, centros de distribuição urbanos e lojas ocultas, que, conforme definido previamente, são pontos com acesso restrito a clientes e especializados no armazenamento e *fulfillment* de pedidos exclusivos do e-commerce destinado às áreas centrais das cidades.

A busca pelo atendimento às demandas dos consumidores do e-commerce gera desdobramentos em toda a cadeia. É crescente a pressão para que as transportadoras aprimorem os seus sistemas e operações para suprir a velocidade e agilidade necessárias. Dessa maneira, a última milha desponta como um diferencial importante para atender a esses requisitos.

Um dos grandes desafios volta-se para a questão de como equilibrar os custos e oferecer entregas rápidas e flexíveis. Essa é uma pergunta que, seguramente, muitas empresas se fazem, buscando respostas por meio de soluções e alternativas de entrega. A situação tem estimulado adaptações nos modelos de negócio das transportadoras tradicionais, a entrada de novos participantes no mercado, fortemente alicerçados em inovações e tecnologias, e a parceria entre esses *players*. O transporte por aplicativos é uma prática que vem sendo empregada por ambos, sobretudo na última milha. Nesse modelo, transportadores individuais realizam a etapa final das entregas (podendo também fazer a primeira milha ou transferência), conectados aos embarcadores ou a outros transportadores por meio de plataformas de tecnologia que atuam de maneira semelhante aos apps de transporte individual de passageiros. Essa prática é conhecida como *crowdshipping*.

O investimento em novas tecnologias é outra alternativa utilizada para suplantar as dificuldades na última milha. Tecnologias como roteirização dinâmica, rastreamento em tempo real, inteligência artificial e análise de *big data* podem se tornar poderosas aliadas para equacionar os custos da milha, como soluções para ampliar a densidade das rotas, otimizar a utilização da frota e aumentar o *drop size*[34] das viagens. No Capítulo 4, em que serão abordadas tendências e novas tecnologias, discute-se como a *last mile* está evoluindo nesse sentido.

Ainda sobre a questão de eficiência, a última milha deve ser pensada como uma etapa integrante de um processo; não como algo isolado. Deficiências nas etapas predecessoras, de primeira milha e milha do meio podem prejudicar seus esforços. Por esse motivo, a ideia de estabelecer parcerias entre transportadoras convencionais, com ênfase em ativos de transporte, com empresas vocacionadas para a última milha, pode ser uma boa alternativa para aumentar a capilaridade das entregas e reduzir os tempos em trânsito.

Cabe registrar também as dificuldades encontradas em realizar a última milha em meios urbanos — cenário onde ocorre grande parte da etapa final das entregas. Nesse ambiente, a *last mile* ganha nuances de maior criticidade. Essa tendência é um reflexo direto do processo histórico de urbanização brasileiro, intensificado nas décadas de 1970 e 1980, quando o país passou por um intenso processo de êxodo rural. Até a década de 1950, 36% da população brasileira vivia nos grandes centros urbanos. Já em 2018, a estimativa da população que vive em centros urbanos era de 87%; e a expectativa é que esse número chegue a 92% em 2050.[35]

Apesar do incontestável progresso econômico, social e tecnológico que acompanhou a urbanização, esse processo ocorreu de forma desordenada, sobretudo nas principais cidades. Diversas consequências da falta de planejamento afetam, em diferentes níveis, o cotidiano dos habitantes das áreas urbanas e o deslocamento de pessoas e mercadorias.

A urbanização foi acompanhada também pela formação de uma classe média urbana com maior propensão para o consumo e pelo barateamento do acesso ao transporte individual por carros. Entre 2008 e 2018, o total de automóveis no Brasil passou de 37,1 milhões para 65,7 milhões, representando um crescimento de 77%. Desse total, 41% ocorreu em 17 das principais regiões metropolitanas brasileiras.[36] Ou seja, as cidades que sofrem os impactos mais severos com congestionamento são exatamente aquelas que receberam — a ainda recebem — a maior quantidade de novos veículos.

O crescimento da frota reflete diretamente no aumento nos índices de congestionamento e suas consequências, como horas perdidas, piora na qualidade de vida e aumento da poluição atmosférica. Em um levantamento sobre níveis de congestionamentos, realizado em 404 cidades de 58 países diferentes, das 9 cidades brasileiras classificadas no ranking, 5 delas estão entre as 100 mais congestionadas do mundo.[37] A Figura 9 ilustra a classificação das cidades brasileiras e os seus respectivos índices de congestionamento. Recife, Rio de Janeiro e São Paulo lideram o ranking nacional. A capital pernambucana, por exemplo, obteve um nível de congestionamento igual a 40%. Ou seja, para uma viagem que, teoricamente, levaria 30 minutos em condições de tráfego sem congestionamentos,[38] leva-se, em média, 42 minutos (acréscimo de 40% ao tempo de viagem). Durante um ano, nessas condições de tráfego, estima-se uma perda equivalente a 92 horas.

**Figura 9**: Índice de congestionamento nas principais cidades brasileiras

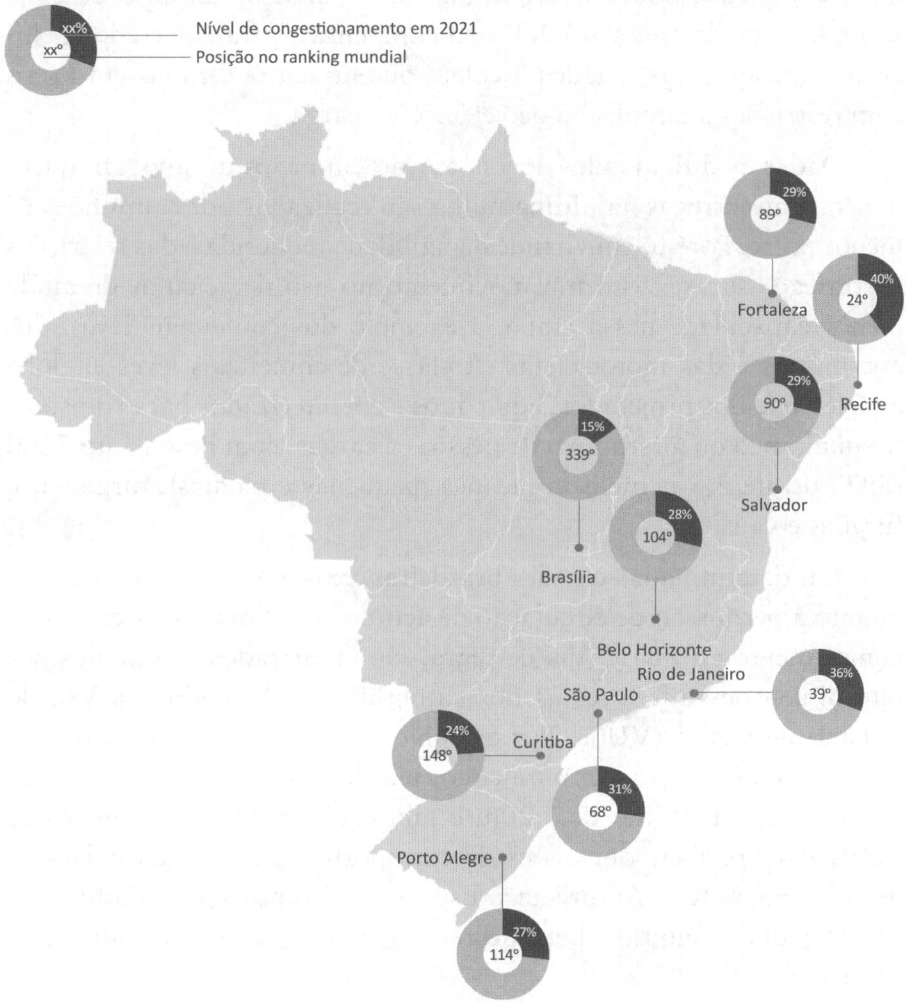


Fonte: Elaboração CNT, com dados da TomTom (2021).

As dificuldades nas entregas representam um ônus ao transporte de última milha, e, por essa razão, é comum a aplicação da Taxa de Dificuldade de Entrega (TDE) e da Taxa de Restrição ao Trânsito (TRT). A primeira é originada por alguns fatores como entregas realizadas fora do horário comercial, processo de recebimento que gera filas ou muito tempo de carga/descarga. É aplicável a cargas fracionadas e completas, podendo ser negociada a partir de um piso de 20% sobre o valor do frete. A TRT visa compensar o transportador pelos custos adicionais associados à coleta ou entrega realizadas em locais com restrições à circulação de veículos de carga.

Dadas as dificuldades de locomoção em meios urbanos, frequentemente, as entregas na última milha são realizadas por caminhões de menor porte. Porém, em virtude da agilidade requerida e das restrições de tráfego, tem-se visto um movimento no uso de veículos de ainda menor capacidade nessa etapa, a exemplo dos comerciais leves, dos automóveis e das motocicletas. A classe de comerciais leves engloba aqueles veículos projetados, equipados e caracterizados para transporte simultâneo ou alternativo de pessoas e cargas, com Peso Bruto Total (PBT) de até 3,5 t. Incluem picapes (pequenas e médias), furgonetas, furgões e vans.

Em determinadas cidades brasileiras, existem normas específicas quanto à permissão de circulação de acordo com limites específicos de comprimento ou PBT.[39] Via de regra, são autorizados os veículos que têm dimensões inferiores às dos caminhões,[40] chamados de Veículo Urbano de Carga (VUC). Por exemplo, segundo a legislação de São Paulo,[41] o VUC, naquele município, tem largura máxima de 2,20m, comprimento máximo de 7,20m e fabricação a partir de janeiro de 2005. Para realizar operações de transporte de cargas na cidade, o veículo precisa ter a Autorização Especial de Trânsito para Caminhões (AETC) que é emitida pela Secretaria Municipal de Mobilidade e Transportes.[42]

Registra-se que as restrições quanto ao uso do VUC para operações de carga e descarga e a sua definição variam de acordo com a legislação de cada município.[43] A Figura 10 representa esquematicamente alguns dos principais tipos de veículos utilizados na última milha.

Quando se discute a reestruturação da última milha, deve-se ponderar também sobre o crescimento no número de entregas, sobretudo com a expansão do e-commerce. A expectativa é que a expansão continue de maneira vigorosa nos próximos anos. Até 2030, a demanda global por entregas de última milha deverá crescer 78%.[44] Consequentemente, é importante também focalizar a inovação tecnológica para desenvolver alternativas com capacidade de mitigar as externalidades causadas pelo incremento das viagens na última milha. É um crescimento bastante expressivo, cujo potencial pode impactar ainda mais a qualidade de vida nas principais cidades do Brasil e de outros países.

**Figura 10**: Representação esquemática dos tipos de veículos utilizados no e-commerce

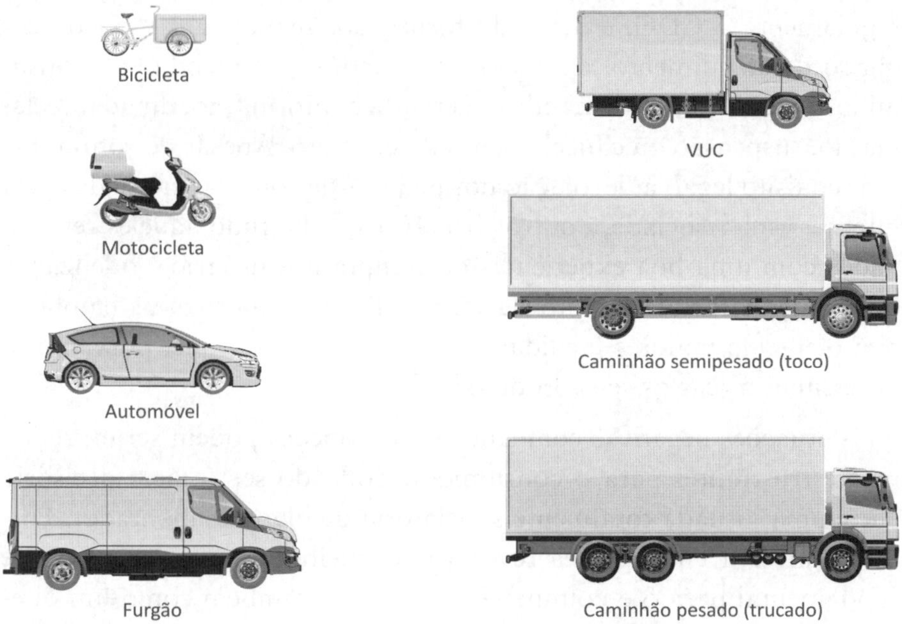


Fonte: Elaboração CNT.

## Logística Reversa

De acordo com o Código de Defesa do Consumidor (CDC),[45] art. 49, o consumidor pode desistir da compra em até 7 dias, a contar do ato do recebimento do produto ou serviço ou da assinatura do contrato, nos casos em que a contratação ocorra fora do estabelecimento comercial. Na hipótese em que o consumidor exercer o seu direito ao arrependimento previsto no referido artigo, os valores pagos devem ser devolvidos imediatamente. Outra situação prevista no CDC refere-se à devolução por vícios aparentes ou de fácil constatação. Nesses casos, o consumidor tem o direito de reclamar em até 30 dias do fornecimento de serviços e produtos não duráveis e 90 dias para o fornecimento de serviços e produtos duráveis. Tratando-se de vícios ocultos, os prazos anteriormente mencionados iniciam-se a partir do momento em que ficar evidenciado o defeito (art. 26, I, II, III § 3º).

Ainda, segundo o Decreto nº 7.962, de 15 de março de 2013, que regulamenta o CDC, é dever do fornecedor manter um serviço adequado de atendimento, em meio eletrônico, que possibilite ao consumidor a resolução de demandas referentes à informação, dúvida, reclamação, suspensão ou cancelamento do contrato. Apesar de configurar um requisito legal, a devolução dos pedidos de compras efetuadas pela internet está associada a outros benefícios, sobretudo aqueles relacionados com uma boa experiência de compra dos usuários, fidelização de clientes e fortalecimento da marca. Por esse motivo, as empresas têm oferecido maiores facilidades aos consumidores que, porventura, necessitem trocar os seus produtos.

Situações negativas com trocas e devoluções podem ser extremamente frustrantes para o consumidor, podendo ser o fator decisório entre uma jornada totalmente satisfatória ou algo desapontador. Portanto, investir em logística reversa para melhorar essa experiência é fundamental para o e-commerce e se mostra também como um diferencial competitivo para a marca.

O conceito de logística reversa surgiu nas décadas de 1970 e 1980, bem antes da disseminação do e-commerce. Inicialmente, estava vinculado a questões ligadas ao pós-consumo, em que as preocupações se concentravam no recolhimento de materiais, com foco principal na reciclagem de embalagens. Em seguida, o enfoque passou para questões ligadas à sustentabilidade e o risco de escassez de matérias-primas.

Anos mais tarde, o conceito também incorporou a ótica de agregação de valor na cadeia produtiva.

Com o advento da internet e o desenvolvimento do e-commerce, a logística reversa, que antes era focada essencialmente na destinação de bens a um final de vida útil, passou a se preocupar também com o pós-venda, gerando valor no processo de retorno dos produtos comercializados que eram devolvidos.

Portanto, atualmente, entende-se a logística reversa a partir de um conceito mais amplo, respondendo por um segmento da logística focado na gestão e movimentação de produtos e recursos após a sua venda e entrega aos clientes. Ela compreende o retorno das mercadorias para a destinação final, para a reciclagem, para o reparo e/ou para crédito. É uma área da logística empresarial que opera, planeja e controla o fluxo de bens e informações do retorno de pós-venda e pós-consumo, integrada ao ciclo de negócios por canais de distribuição reversos, agregando valor econômico, legal, logístico e de reputação de marca.

Em 2019, cerca de 4% dos pedidos realizados foram devolvidos.[46] Esse valor, no entanto, oscila bastante em função do segmento de mercado. Normalmente, setores como moda e vestuário sofrem mais com os índices de devolução. Nesse segmento, é comum a prática de compras de mais de um item — modelos e tamanhos distintos — com a intenção de realizar a devolução de alguns deles após experimentação.

Em que pese a taxa de devolução no e-commerce ser relativamente baixa, se consideradas as centenas de milhões de compras realizadas anualmente no ambiente virtual, nota-se que representa um custo significativo para o setor. Nesse sentido, deve-se pensar também que as atividades que envolvem a logística reversa vão muito além da simples coleta das encomendas, embora essa seja a atividade de maior interface com o cliente.

Uma boa logística reversa deve, obrigatoriamente, passar por um cuidadoso processo de planejamento, que envolve a definição de política de troca e retorno, formas de atendimento, processos de retirada e entrega de novos produtos, transporte, armazenagem, inspeção e destinação. A Figura 11, a seguir, representa as etapas da logística reversa.

**Figura 11**: Logística reversa no e-commerce

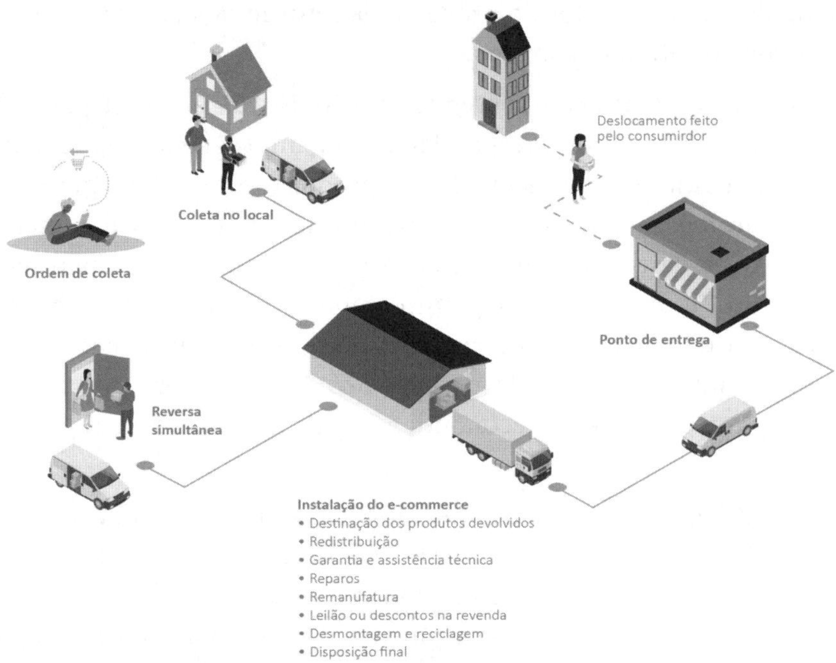


Fonte: Elaboração CNT.

O processo de devolução é iniciado quando o consumidor manifesta o seu desejo de devolver a mercadoria recém-adquirida. Normalmente, ele entra no site do e-commerce ou sistema por ele utilizado e gera uma ordem de coleta. Dependendo da política de devoluções estabelecida, a coleta pode se dar das seguintes formas:

**Coleta no local**: após gerada a ordem de coleta, um agente coletor — normalmente o mesmo responsável pela entrega — vai ao encontro desse cliente em um endereço por ele designado para fazer a retirada do produto. Em alguns casos, esse serviço pode ser oferecido mediante o agendamento prévio para a realização da coleta. Esse sistema de coleta caracteriza-se por ser o mais custoso para o comerciante.

**Pontos de entrega**: nesse sistema de devolução, o consumidor — após o recebimento da autorização para postagem ou entrega do produto — vai a algum posto estabelecido pelo vendedor para dar prosseguimento ao processo de devolução. Nesse modelo, os serviços de Correios ou empresas especializadas em logística reversa são os mais utilizados, mas os armários inteligentes urbanos têm ganhado espaço nessa operação.

Sob a perspectiva de custos, o modelo de pontos de entrega é bem mais econômico do que o anterior, pois elimina a necessidade do transporte sob responsabilidade do comerciante. Contudo, é uma alternativa menos cômoda ao cliente, que precisa se deslocar até o posto de entrega. Os Pudos também atuam nessa etapa como uma alternativa para baratear, facilitar e qualificar o processo de devolução. A seguir, são listadas algumas vantagens para o consumidor em utilizar essas estruturas:

- as filas nesses estabelecimentos são menores;
- os pontos de coleta podem apresentar horários estendidos e atendimento aos finais de semana;
- custos menores;
- menos burocracia.

**Logística reversa simultânea**: consiste na devolução simultânea à entrega de um novo produto. É uma alternativa para os casos em que o cliente deseja realizar a troca por outro produto. Pode representar uma redução no número de viagens, porém requer atenção especial com questões tributárias, como ICMS.

Após a coleta, as devoluções seguem para os centros de distribuição. Nesses locais realizam-se a inspeção e destinação das mercadorias, que podem ser as listadas no Quadro 5.

**Quadro 5**: Principais destinos dos produtos

| Destinação | Descrição |
|---|---|
| Redistribuição | Quando produtos são devolvidos sem a ocorrência de defeitos (direito ao arrependimento), reembalados e destinados ao mercado primário. |
| Garantia e assistência técnica | Partes ou peças defeituosas poderão ser substituídas, e o produto recuperado, devolvido ao cliente, ou efetua-se a troca por um novo, e, se recuperável, envia-se o bem comprometido para o mercado secundário. |
| Reparos | Os produtos defeituosos são destinados para reparo/conserto e poderão ser novamente comercializados no mercado primário, se ainda mantidos os níveis de qualidade estabelecidos para um produto novo; ou serão destinados para revenda no mercado secundário. |
| Remanufatura | Quando consegue-se reaproveitar componentes dos bens retornados e esses são enviados para o mercado secundário. |
| Leilão ou descontos na revenda | Quando o bem retornado não tem condições plenas de funcionamento ou exista valor de uso em parte dos seus componentes, que são destinados para leilões ou venda para empresas especializadas nesse tipo de operação. |
| Desmonatagem e reciclagem | Partes e peças dos bens retornados são vendidas para empresas especializadas em reciclagem, que realizam a extração industrial dos materiais constituintes e os transformam em matéria-prima para a incorporação em novos produtos. |
| Disposição final | Quando nenhum dos processos anteriores é aplicável, em última instância, os resíduos são destinados a aterros sanitários, incineração (disposição final segura) ou lixões (disposição não controlada). |

Fonte: Elaboração CNT, adaptado de Almeida (2020).

Além dos benefícios de imagem mencionados no início desta seção, a logística reversa é capaz de gerar ganhos financeiros àquelas empresas que a utilizam de maneira eficiente. Analisando somente a questão do relacionamento com o consumidor, a logística reversa no e-commerce busca primordialmente atender a um requisito legal: o direito de arrependimento.

Contudo, a cadeia de suprimentos está sujeita a falhas que também ensejam a devolução de mercadorias. Avarias nos produtos, estoques presos por falta de giro, erros na execução de pedidos e produtos próximos da validade são fontes de problemas frequentemente observados.

Nesse sentido, a logística reversa estabelece também oportunidades aos negócios para reduzirem os seus prejuízos com falhas ao longo das cadeias logísticas diretas, por exemplo, a partir da revenda em mercados primários, revenda em mercados secundários, desmontagem e reciclagem, dentre outros.

## Estrutura Tarifária e Contratação do Transporte

A estrutura tarifária do transporte tem como objetivo ressarcir adequadamente os custos incorridos na prestação do serviço. Antes de adentrar a discussão sobre a formação da tarifa, é necessário diferenciar o tipo de carga transportada, que demanda particularidades referentes aos serviços e equipamentos utilizados.

Existem diferentes classificações sobre os tipos de carga, mas, de maneira simplificada, elas podem ser agrupadas de acordo com a ocupação do veículo. A **carga fracionada**, também conhecida pela sigla LTL (*less than truck-load*), é aquela enviada em volume inferior à capacidade do veículo, e, na maioria das vezes, o carregamento é compartilhado por encomendas de outros remetentes. A **carga completa**, ou FTL (*full truck-load*), ocupa toda a lotação do veículo.

A estrutura tarifária no transporte é formada por cinco elementos básicos: taxa de despacho, frete-peso, frete-valor, gerenciamento de riscos (Gris) e demais taxas. Nos próximos parágrafos, discutem-se cada uma dessas.

A **taxa de despacho ou de coleta e entrega** ressarce os custos diretamente envolvidos nas atividades de mesmo nome. Ela é praticada principalmente no transporte de carga fracionada. Inclui os custos de deslocamento da carga (fixo e variável), os custos do tempo de parada e descarga do veículo, as despesas indiretas (administração e operação dos terminais) e o lucro operacional.

O **frete-peso** é o componente da tarifa responsável pela remuneração do transporte entre os pontos de origem e de destino. Para a sua determinação, são levados em consideração os custos diretos e indiretos e a remuneração pelo serviço prestado (lucro operacional). Como o próprio nome já implica, o componente é definido a partir do peso da mercadoria transportada e pode ser apresentado na forma de faixa de valor ou valor por quilo transportado.

Destaca-se que o frete-peso pode ser obtido pelo peso bruto ou peso cubado da encomenda, normalmente o maior entre os dois. O objetivo desse critério é otimizar os pesos e volumes transportados por determinado veículo. Cria-se, dessa maneira, uma condição de equidade na cobrança da tarifa para diferentes perfis de cargas. Por exemplo, podem existir cargas com baixo peso total, mas elevado volume; e cargas de alto peso, mas que ocupam um pequeno espaço no veículo. O peso cúbico é definido pela seguinte fórmula:

$$Peso\ cúbico = C \times L \times A \times Fator\ de\ Cubagem$$

Em que C é o comprimento, L, a largura, e A, a altura da encomenda, todos em metros. O fator de cubagem e o critério para o uso de peso total ou cubado variam por modal e por transportadora. No rodoviário, por exemplo, a referência de 300 kg/m$^3$ é amplamente aceita como fator de cubagem.

A título de ilustração, imagine um caso hipotético, no qual se tenha uma encomenda a ser enviada pelo modal rodoviário com 2 kg de peso bruto e uma embalagem com dimensões de 0,6 m de comprimento, 0,3 m de largura e 0,4 m de altura. O seu peso cubado é de 21,6 kg (0,6 m x 0,3 m x 0,4 m x 300 kg/m$^3$). Como este último é o maior entre os dois, adota-se o peso cubado para o cálculo do frete-peso.

O **frete-valor** — também conhecido por *ad-valorem* — tem por finalidade mitigar os riscos envolvidos na atividade de transporte.

Definido em função do valor da mercadoria transportada, ele resguarda o transportador quanto aos possíveis impactos na ocorrência de perdas, danos, acidentes, avarias e outros riscos.

O **Gris** é o componente da tarifa que ressarce os custos incorridos nas medidas de prevenção ao furto e ao roubo de cargas. Inclui ações de mitigação da probabilidade e da ocorrência do risco, como o rastreamento, a segurança patrimonial e a limitação do valor transportado por veículo e medidas de transferência de riscos, com a contratação de seguros facultativos. É o caso do Seguro de Responsabilidade Civil Facultativo — Desaparecimento de Carga (RCF-DC). Essa apólice garante cobertura ao transportador por perdas ou danos decorridos do desaparecimento da carga concomitantemente ao veículo transportador, em consequência de furto simples ou qualificado, roubo, extorsão simples ou mediante sequestro e apropriação indébita.

As **demais taxas** voltam-se à remuneração de serviços e a obrigações adicionais necessárias à execução de serviços específicos. São exemplos de taxas adicionais:

- Taxa de Restrição de Trânsito (TRT);
- Taxa de Dificuldade na Entrega (TDE);
- Taxa de reentrega;
- Taxa de Administração das Secretarias de Fazenda (TAS).

Depois de apresentados os elementos que constituem as tarifas, é importante diferenciar as formas e a responsabilidade pela contratação do frete. Quanto ao primeiro aspecto, o frete pode ser contratado das seguintes maneiras:

- **Direto ou normal**: nessa modalidade a carga é coletada no embarcador e levada diretamente ao destinatário. Não há intermediários envolvidos no processo. É o serviço mais comum oferecido no mercado;

- **Subcontratação**: a transportadora contratada para a realização do serviço, por opção de não realizar o serviço em veículo próprio, subcontrata outro transportador (subcontratado) para realizar todo o trajeto;
- **Redespacho**: a transportadora, contratada diretamente pelo embarcador (redespachante), leva a carga até determinado ponto, diferente do destino final, onde outra transportadora (redespachado) se encarrega de concluir o transporte até o destino final;
- **Redespacho Intermediário**: diferencia-se do redespacho por envolver mais de uma transportadora (redespachados) na intermediação do processo.

Quanto às responsabilidades, as operações de frete se diferenciam em CIF e FOB. O **CIF** é o acrônimo para *cost, insurance and freight*, ou custo, seguro e frete. Essa é a modalidade mais comum no e-commerce varejista e nas relações B2C. Nesse tipo de frete, o vendedor é o responsável pelo transporte da mercadoria (até o seu destinatário), riscos e custos associados.

O frete **FOB** (*free on board*) designa a modalidade em que a responsabilidade do vendedor sobre a mercadoria se encerra no seu despacho. Ocorre com maior frequência nas transações B2B, quando o comprador já dispõe de contratos firmados com empresas de transporte e deseja reduzir os custos de transporte ou quando lida com múltiplos fornecedores e quer ter uma melhor gestão sobre o transporte.

Além dos elementos que compõem a tarifa, deve-se considerar também a incidência dos tributos para a formação do valor total do frete. Os impostos devidos variam de acordo com a natureza do transporte. O Imposto sobre Operações Relativas à Circulação de Mercadorias e Sobre Prestações de Serviços de Transporte Interestadual, Intermunicipal e de Comunicação (ICMS), instituído pela Lei Complementar nº 87/96, é um imposto de competência estadual, que incide sobre prestações de serviços de **transporte interestadual** e **intermunicipal**, por qualquer via, de pessoas, bens, mercadorias ou valores.

No âmbito dos serviços de transporte de natureza **municipal**, há a incidência do Imposto Sobre Serviços de Qualquer Natureza (ISSQN), de competência municipal, conforme disposto na Lei Complementar nº 116/03. Conforme expresso no parágrafo 2º do art. 1, os serviços elencados na lei, ressalvadas as exceções nela expressas, são isentos do ICMS.

Diante do exposto até o momento, fica evidente que a precificação do frete é uma tarefa complexa, que depende de diversos fatores. Em geral, o preço do frete é representado em uma estrutura tabular. Cada transportadora tem a sua tabela de acordo com a sua política tarifária, em que são definidos os valores praticados em função dos CEPs de origem e destino, prazo, peso da encomenda, volume, tipo de serviço (expresso ou normal) e valor da encomenda, entre outras variáveis.

As tabelas podem ser padronizadas por transportadora (preço de balcão) ou negociadas em contratos firmados diretamente com as lojas virtuais ou por meio de plataformas de intermediação de fretes. Nesses instrumentos, são estabelecidas tarifas diferenciadas, que refletem uma variedade de circunstâncias, como volume dos carregamentos, direção da movimentação e relacionamento com o contratante.

Os sites ou plataformas que hospedam as lojas virtuais são alimentados com as tabelas de frete dos diferentes fornecedores oferecidos pelos lojistas. Os sistemas utilizados devem permitir que, durante a navegação pela página, o consumidor insira o seu CEP e verifique automaticamente as opções de entrega disponíveis na sua localidade, prazos e valores da entrega. Em última instância, é o consumidor quem define qual transportadora será utilizada. Basicamente, essas tabelas podem ser atualizadas de três maneiras: diretamente pelos lojistas, pelas transportadoras ou por plataformas específicas para a gestão de frete, chamadas de gateways de fretes.

## Documentação no Transporte

Ao passo em que são demandadas entregas cada vez mais velozes, a gestão eficiente da documentação que envolve o comércio eletrônico, principalmente o transporte, torna-se extremamente importante. Faz-se necessário que ela seja desempenhada de maneira ágil e acurada para que se consiga realizar a atividade dentro dos padrões esperados.

Esse é um aspecto crítico, pois são muitos os documentos gerados, o que pode se tornar um entrave à rapidez dos processos. Seja para adimplir com os requisitos legais, seja pela necessidade de se registrar procedimentos internos, a questão é que uma compra no e-commerce pode gerar uma quantidade significativa de documentos que, em sua maioria, são emitidos em vias físicas. Estima-se que, em uma transação, o número de documentos impressos pode chegar a 16, conforme relação a seguir.[47]

- Nota Fiscal Eletrônica (NF-e)
- Documento Auxiliar da Nota Fiscal Eletrônica (Danfe)
- Conhecimento de Transporte Eletrônico (CT-e)
- Documento Auxiliar do Conhecimento de Transporte Eletrônico (Dacte)
- Manifesto Eletrônico de Documentos Fiscais (MDF-e)
- Documento Auxiliar do Manifesto Eletrônico de Documentos Fiscais (DAMDFE)
- Programação de coleta
- Romaneio de coleta
- Etiqueta AWB
- Ordem de coleta
- Etiqueta do embarcador
- Etiqueta do transportador

- Etiquetas de controle interno
- Protocolo de entrega
- Romaneio de embarque na expedição

O ônus do excesso de burocracia recai sobre toda a cadeia: os comerciantes eletrônicos são obrigados a alocar recursos para lidar com as atividades burocráticas, incorrendo em custos com a emissão de documentos e com pessoal para executar o trabalho, sem contar a perda de produtividade no processo de embalagem das encomendas; os transportadores e as empresas de logística, por sua vez, são compelidos a dedicar equipes e estrutura para separar, manusear e arquivar toda a papelada gerada, resultando também em aumento dos gastos; e, por fim, o consumidor é impactado pela ineficiência do processo, tendo que arcar com as despesas e com o adicional de tempo gerado na entrega da sua mercadoria.

É importante apontar também para os impactos ambientais causados pelo volume de papel gerado por esses processos. Calcula-se que, somente em 2020, o quantitativo de registros físicos pode ter alcançado a marca de 3,1 bilhões de impressões, representando um custo anual de R$ 7,4 bilhões, somente para executar os processos relacionados ao e-commerce.[48] Nos próximos parágrafos, os documentos de maior relevância no transporte são brevemente discutidos.

A **Nota Fiscal ou Nota Fiscal Eletrônica (NF-e)**[49] tem por função documentar, para fins fiscais, uma operação de circulação de mercadorias ou de prestação de serviços. O **Documento Auxiliar da Nota Fiscal Eletrônica (Danfe)** é uma versão simplificada da NF-e, que deve acompanhar, em meio físico, a mercadoria durante o transporte. O seu objetivo é facilitar o acesso aos dados contidos na nota. Importa destacar que ele não substitui a nota fiscal.

A atual legislação brasileira torna obrigatória a emissão de determinados **documentos para o transporte de carga** em qualquer modalidade. O **Conhecimento de Transporte Eletrônico (CT-e)** é um documento fiscal totalmente eletrônico, implantado desde 2007, que substituiu uma série de documentos físicos de mesma finalidade.[50,51] É utilizado para fins fiscais para regularizar a prestação de um serviço de transporte de cargas realizado por qualquer modal entre municípios ou estados da federação.[52] Esse documento identifica o remetente e o destinatário da carga e o trajeto que está sendo realizado. É de responsabilidade do tomador do serviço exigir a sua emissão. O **Dacte (Documento Auxiliar de Conhecimento de Transporte Eletrônico)** é gerado automaticamente após a emissão do CT-e. Trata-se de uma versão impressa com as principais informações contidas no Conhecimento. O Dacte deve acompanhar a carga durante o transporte, atestando a sua regularidade no caso de fiscalizações.

O **Manifesto Eletrônico de Documentos Fiscais (MDF-e)**[53] também é um documento eletrônico exigível para o transporte intermunicipal[54] e interestadual de cargas. O seu intuito é identificar a mercadoria que está sendo transportada. Esse documento reúne as principais informações contidas no CT-e e na NF-e. No caso do transporte de carga fracionada, o MDF-e deve ser emitido pelos transportadores, responsáveis também pela emissão do CT-e. No caso de carga própria ou de contratação de autônomo, é de responsabilidade do emitente da NF-e. Da mesma forma que ocorre com o Dacte, o **Documento Auxiliar do MDF-e (DAMDFE)** deve acompanhar a carga durante o transporte e possibilita às unidades federadas o controle dos documentos fiscais vinculados ao MDF-e.

Por fim, destaca-se o **Documento de Transporte Eletrônico (DT-e)**. Instituído pela Lei nº 14.206/2021, é uma iniciativa do governo, ainda em fase de implantação, para a criação de uma plataforma eletrônica com o propósito de unificar e simplificar cadastros, registros, licenças, identificações e demais obrigações administrativas. Elimina-se, assim, a necessidade do transporte das suas versões impressas durante as viagens. O DT-e é aplicável às operações de transporte remunerado de bens próprios ou de terceiros nas suas diferentes modalidades realizadas no território nacional. A sua emissão é obrigatória previamente à realização do transporte, implicando custos aos contratantes.[55]

Com a implantação do DT-e, os veículos serão fiscalizados eletronicamente quanto à validade do documento durante os seus deslocamentos. Tal fiscalização se dará em pontos de coleta de dados instalados em localidades diversas pelo país. Importa registrar que o documento não tem natureza fiscal. Portanto, ele não substituirá ou eliminará aqueles de competência federal, estadual e municipal, atualmente exigidos no transporte de cargas, a exemplo da NF-e, do CT-e e do MDF-e.

No próximo capítulo, será apresentada a caracterização do setor de transporte no e-commerce. O panorama considerou, além das inúmeras reuniões com seus representantes e outras partes interessadas, uma sondagem realizada com as principais transportadoras que atendem ao setor.

CAPÍTULO 3

# CARACTERIZAÇÃO DO TRANSPORTE NO E-COMMERCE BRASILEIRO:

## Sondagem com os Transportadores

Este capítulo tem por objetivo apresentar uma caracterização do transporte no e-commerce brasileiro. Salienta-se que esse é um segmento ainda pouco explorado e, pelos motivos já expostos, tem despertado especial interesse do mercado transportador nos últimos anos, embora o comércio eletrônico já exista no Brasil há mais de duas décadas. Por essa razão, as referências bibliográficas publicadas até o momento são escassas, assim como os dados sobre o universo de organizações que atuam nesse segmento.

Visando suprir essa lacuna e apresentar a realidade do setor, foi feita uma sondagem[1] com as empresas que realizam esse tipo específico de transporte, e os resultados são apresentados nesta e nas subsequentes seções. O processo de identificação do público-alvo foi composto por três etapas. Inicialmente, buscou-se compor a amostra de participantes com as transportadoras de maior representatividade em nível nacional. Para tanto, foram consultados estudos setoriais e publicações correlatas.

Apesar das dificuldades previamente relatadas, sabe-se que o transporte no e-commerce é concentrado em alguns *players*. Características como o fracionamento das cargas, agilidade e a imprevisibilidade da demanda requerem certo grau de especialização e podem estar associadas ao fato de ser uma atividade que ainda pode ser classificada como de nicho.

No entanto, procurou-se, em uma segunda etapa, ampliar a abrangência da amostra preliminarmente identificada. A complementação foi feita a partir de informações primárias, coletadas durante visitas técnicas e reuniões com especialistas, e secundárias, com informações retiradas dos sítios eletrônicos dos maiores e-varejistas e marketplaces.

Convém destacar que a segunda etapa teve também o objetivo de compatibilizar a amostra em relação às transformações que ocorreram entre a divulgação dos estudos consultados, tendo a principal referência sido publicada em 2019, e a atual conjuntura do mercado. Durante esse lapso temporal, há registros da entrada de novos *players*, processos de fusão e aquisição e o encerramento de operações que mudaram a configuração do mercado.

Por fim, a terceira etapa teve o apoio de algumas federações, associações e sindicatos vinculados à CNT. Essas organizações foram responsáveis por identificar, entre as suas associadas, aquelas que operam no e-commerce e por distribuir o questionário de sondagem a elas.

A coleta de dados foi realizada com a aplicação de um questionário estruturado, em meio eletrônico. A sondagem buscou levantar informações sobre a caracterização geral das organizações, a relevância do e-commerce em suas operações, as características operacionais, as perspectivas sobre o mercado, os entraves e os principais desafios do setor. Os respondentes foram os representantes das empresas atuantes nas áreas operacionais e de negócios, nos níveis de diretoria e de gerência. O período de aplicação do questionário ocorreu entre dezembro de 2021 e janeiro de 2022.

Das transportadoras que compunham a amostra desejada, participaram efetivamente da sondagem 16 que atuam no ramo de e-commerce, sendo, em sua maioria, empresas com reconhecida atuação, conforme demonstram os resultados apresentados nas próximas seções. Figuram entre elas os Correios, que são, na atualidade, o maior *player* do mercado. No setor privado, estima-se que os serviços das empresas entrevistadas sejam utilizados por 47% dos lojistas eletrônicos[2] — as principais companhias aéreas do país e duas das três maiores transportadoras nesse segmento.

Além de subsidiar a elaboração deste capítulo, os resultados da sondagem são apresentados nos dois próximos, que tratam respectivamente sobre o uso de tecnologias e tendências no transporte do comércio eletrônico e sobre os principais entraves e diretrizes de desenvolvimento para o setor.

## Caracterização das Empresas

A título de caracterização geral da amostra de empresas entrevistadas, o Gráfico 14 exibe a distribuição geográfica por Unidades da Federação (UF) das respectivas sedes. Participaram transportadoras das regiões Sudeste, Nordeste e Centro-Oeste, em 5 estados diferentes. São Paulo (75%) sedia o maior número de transportadoras. Distrito Federal, Rio de Janeiro, Goiás e Pernambuco sediam 6,3%, cada.[3]

**Gráfico 14**: Distribuição percentual das sedes das empresas, por UF

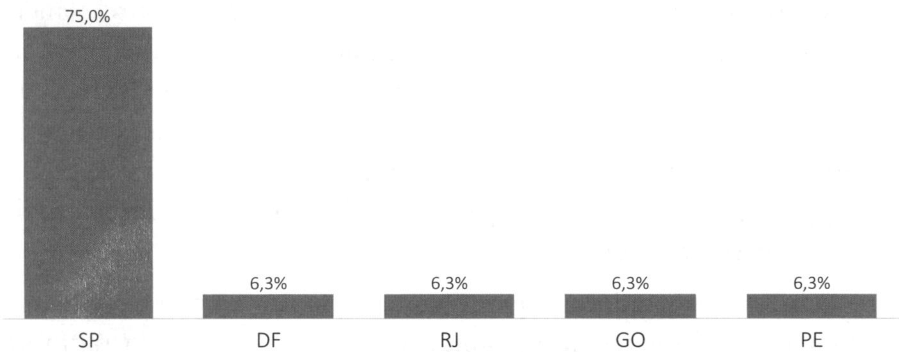


Fonte: Elaboração CNT.

Com relação ao número de funcionários (celetistas e terceirizados), analisando os resultados por faixas de empregados, a maioria das empresas, 56,3%, respondeu que tem mais de 1.000 empregados; 18,8%, de 50 a 99 empregados; 18,8%, de 100 a 499 empregados; e 6,3%, de 1 a 9 empregados (Gráfico 15). O número de pessoas ocupadas em uma organização, além de representar um ativo fundamental para o desempenho da atividade empresarial, é uma medida frequentemente utilizada para definir o porte da empresa. Nesse sentido, observa-se que 75,1% da amostra de pesquisa é formada por empresas de grande porte, com mais de 100 empregados. Com 18,8% estão as pequenas e médias empresas, aquelas que têm entre 10 e 99 funcionários. Microempresas, com até 9 empregados, respondem por 6,3%.[4]

**Gráfico 15**: Total de empregados fixos (celetistas e terceirizados)

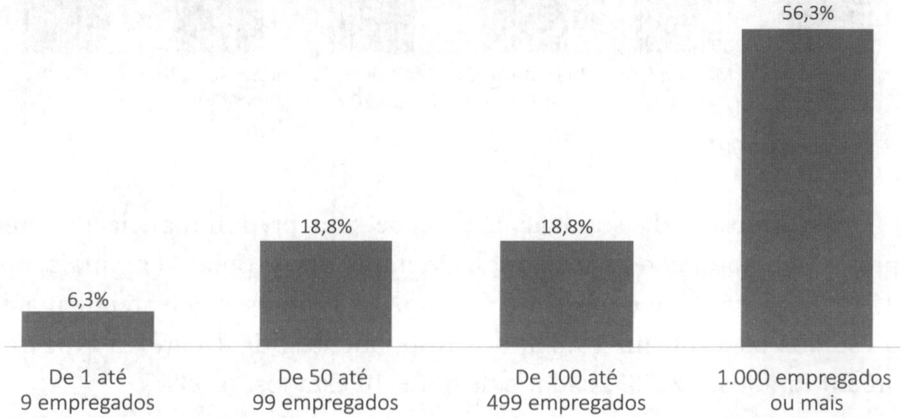


Fonte: Elaboração CNT.

A margem EBITDA é um indicador financeiro que mede o desempenho operacional de uma empresa, calculado pelo quociente entre o EBITDA sobre a receita líquida. Por definição, o numerador dessa medida representa "lucros antes de juros, impostos, depreciação e amortização".[5] Esse indicador considera apenas os recursos gerados pelos ativos operacionais da empresa, excluindo-se a rentabilidade de investimentos, os impostos e os empréstimos.

Como pode ser visto no Gráfico 16, um quarto dos entrevistados (25%) apresentou uma margem EBITDA no ano de 2020 de mais de 5% até 10%. A faixa até 5% obteve 18,8% das respostas; mais de 15% até 20%, 12,5%; mais de 10% até 15%, 6,3%; mais de 20% até 30%, 6,3%; e 31,3% não soube responder ou não respondeu a questão.

**Gráfico 16**: Margem EBITDA em 2020

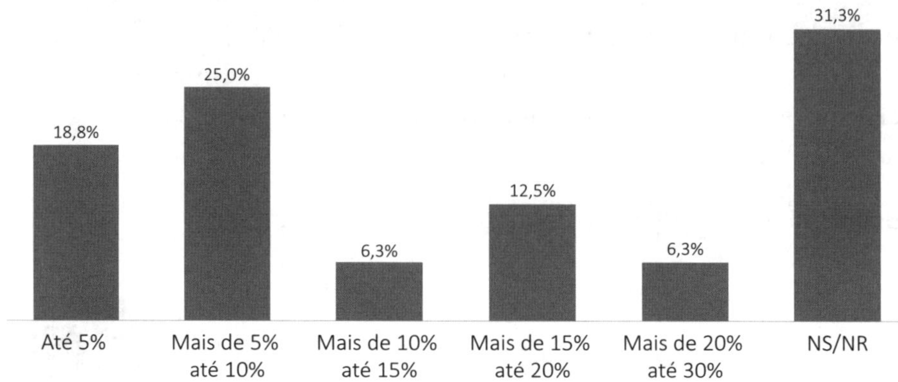


Fonte: Elaboração CNT.

Na amostra da sondagem, percebe-se a predominância de empresas de abrangência nacional. Metade delas opera em mais de 21 estados, conforme mostra o Gráfico 17. Empresas que atendem até 5 estados concentram 18,8% dos respondentes; de 11 até 15 e de 16 até 20 estados, 12,5%, cada; e de 6 até 10 estados, 6,3%.

**Gráfico 17**: Número de UFs atendidas

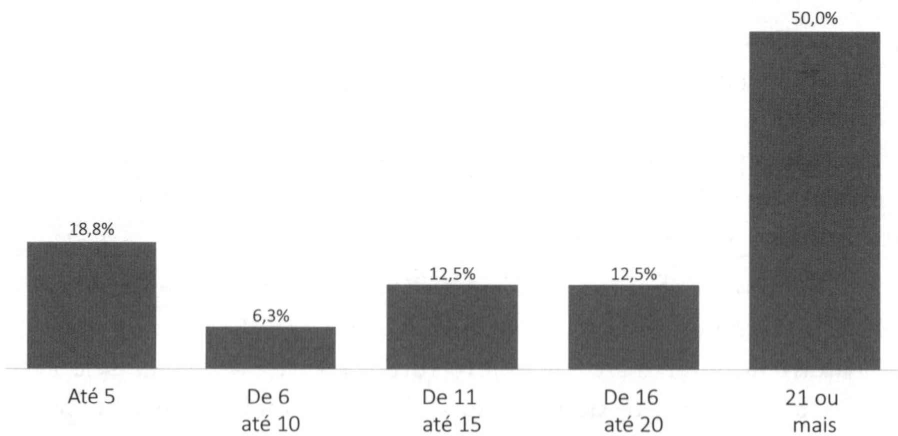


Fonte: Elaboração CNT.

Ao considerar o número de municípios atendidos (Gráfico 18), constata-se que a maioria das empresas atende até 1.000 municípios (25%). Delas, 18,8% atendem na faixa de 4.001 até 5.000 municípios, e o mesmo percentual atende a 5.001 ou mais municípios. As faixas de 1.001 até 2.000, de 2.001 até 3.000 e de 3.001 até 4.000 municípios respondem por 12,5%, cada uma.

**Gráfico 18**: Número de municípios atendidos

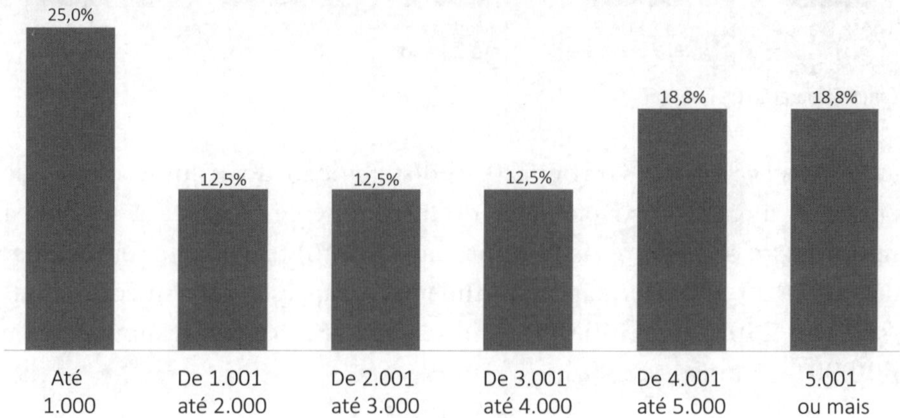


Fonte: Elaboração CNT.

## O Transporte no E-commerce

Adentrando nos aspectos específicos do transporte no e-commerce, o Gráfico 19 mostra que 37,5% das empresas pesquisadas operam no segmento há mais de 15 anos. São empresas consolidadas no setor de transporte e que atendem o segmento desde a fase de "reinvenção do e-commerce", marcada pelo crescimento acelerado do comércio eletrônico e pelo início das operações multicanal no varejo. Em seguida, 25% atua há mais de 10 até 15 anos; 18,8% há mais de 2 até 5 anos; 12,5% há mais de 5 até 10 anos; e 6,3% até 2 anos.

**Gráfico 19**: Tempo de atuação no e-commerce

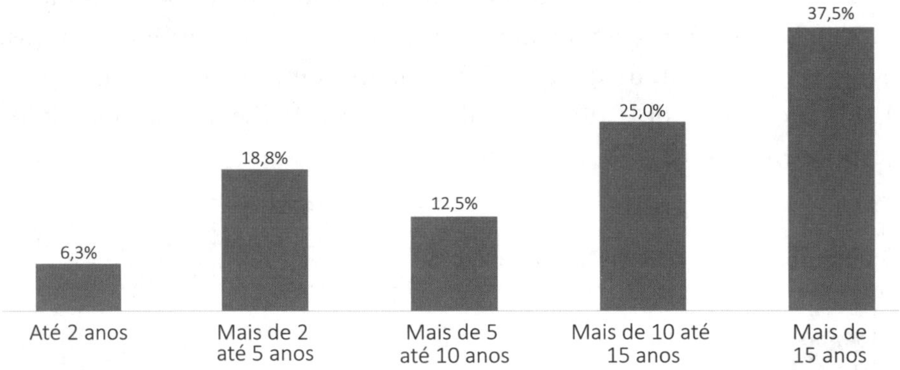


Fonte: Elaboração CNT.

Observa-se, no Gráfico 20, a distribuição do volume médio de entregas mensais provenientes do e-commerce. Constata-se que a maior parte das empresas pesquisadas (56,3%) transporta, em média, até 100.000 encomendas mensalmente. Empresas cuja média situa-se entre 250.001 e 500.000 representam 18,8% dos respondentes e 500.001 ou mais, 12,5%.

**Gráfico 20**: Média mensal de encomendas entregues

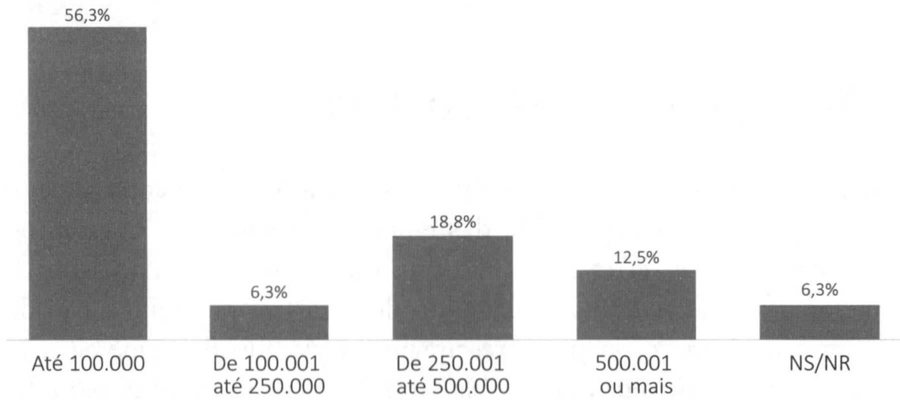


Fonte: Elaboração CNT.

Analisando os tipos de transporte, percebe-se que 87,5% das empresas pesquisadas utilizam o modal rodoviário para o transporte no e-commerce. O aéreo é utilizado por 56,3% e o aquaviário por 12,5%. Os resultados são apresentados no Gráfico 21. Como esperado, o uso em maior escala do transporte rodoviário reflete a predominância do modal na matriz de transportes brasileira. Além dessa constatação, os modais rodoviário e aéreo se caracterizam pela rapidez necessária para garantir o nível de serviço requerido pelos consumidores no e-commerce. Por essa razão, esses dois são os mais utilizados pelas empresas analisadas. Embora o transporte aquaviário tenha vocação predominantemente voltada para o e-commerce *cross-border* (longo curso), é importante levar em consideração que algumas localidades no Brasil são acessadas somente por ele e que são exatamente as empresas de abrangência nacional que o utilizam.

**Gráfico 21**: Modais de transporte utilizados

Nota: cada respondente pôde selecionar múltiplas respostas.

Fonte: Elaboração CNT.

Quando questionados sobre as três principais UFs em que atuam de maneira mais expressiva, os entrevistados afirmaram que São Paulo (62,5%), Rio de Janeiro (50%) e Minas Gerais (43,8%) são os estados mais representativos para as suas operações no comércio eletrônico (Gráfico 22). O resultado vai ao encontro daquele apresentado na seção "Panorama do E-commerce no Brasil", no Capítulo 1, que aponta a região Sudeste como a principal responsável pelo faturamento do comércio eletrônico e os referidos estados como os maiores centros consumidores.

**Gráfico 22**: Estados mais representativos na operação do e-commerce

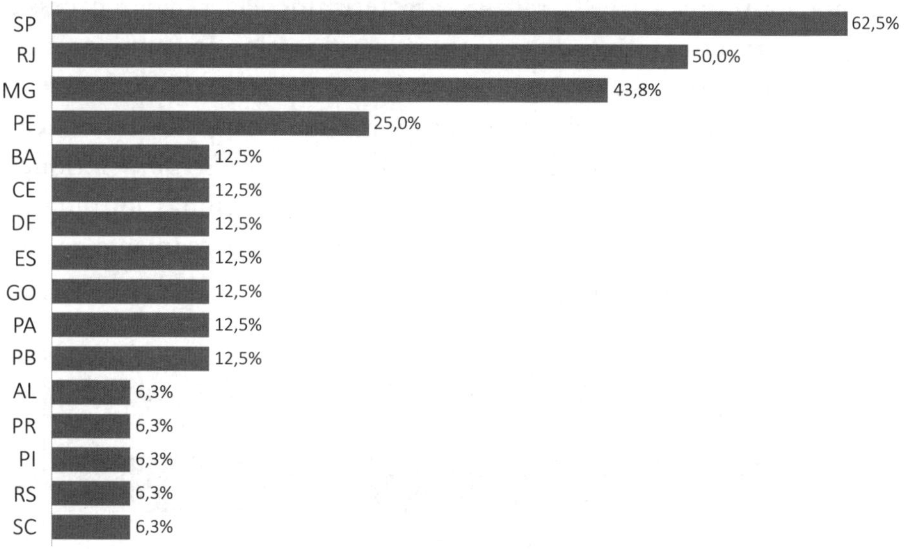


Nota: cada respondente identificou os três principais estados em que a sua organização atua de maneira mais expressiva no e-commerce.

Fonte: Elaboração CNT.

O Gráfico 23, a seguir, mostra a distribuição da participação do e-commerce no faturamento. Em média, verifica-se que esse segmento representa cerca de 38,5% do faturamento das empresas que participaram da sondagem. Ao analisar os resultados por faixas de valor, 43,8% têm o e-commerce como responsável por até 25% da sua receita; 31,3%, na faixa de 25% até 50%; e 12,5%, nas faixas de 50% até 75% e mais de 75% até 100%, cada.

**Gráfico 23**: Distribuição da participação do e-commerce no faturamento das empresas

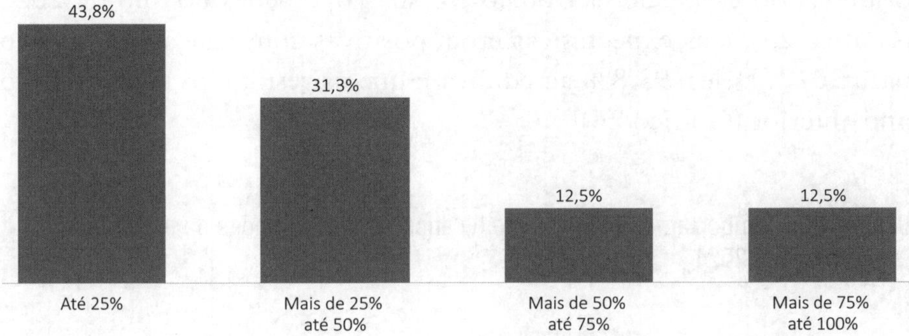


Fonte: Elaboração CNT.

Quando questionados sobre a principal vantagem de atuar no segmento, 68,8% dos respondentes apontaram o potencial de crescimento do mercado, seguido pela sinergia com outros negócios da organização, com 25% (Gráfico 24). Outros motivos (oportunidades de negócio) ficaram com 6,3% das respostas válidas.

**Gráfico 24**: Principais vantagens de operar no e-commerce

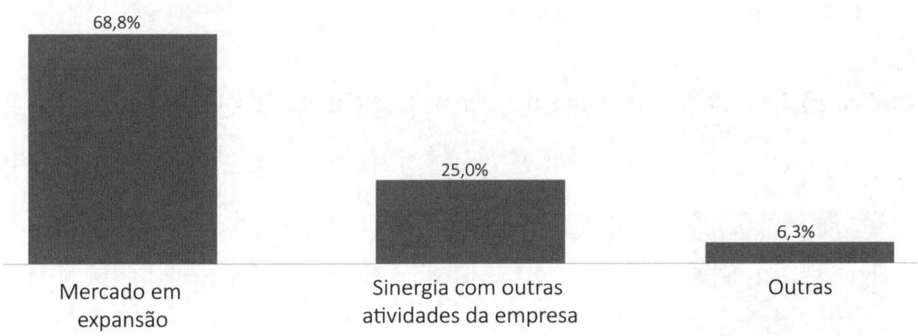


Fonte: Elaboração CNT.

Conforme salientado no Capítulo 1, na seção sobre o panorama do e-commerce brasileiro, o comércio eletrônico cresceu consistentemente no país na última década, e a perspectiva é que se verifique ritmo semelhante nos próximos anos. Corroborando com a percepção de bons resultados e otimismo sobre o mercado, 81,3% dos transportadores entrevistados relataram o crescimento do volume de mercadorias oriundas do comércio eletrônico em suas operações no ano de 2021 (Gráfico 25), e as expectativas eram positivas com relação ao cenário para 2022. Deles, 93,8% acreditavam que os resultados superariam o ano anterior (Gráfico 26).

**Gráfico 25**: Comportamento do volume de encomendas oriundas do e-commerce em 2021

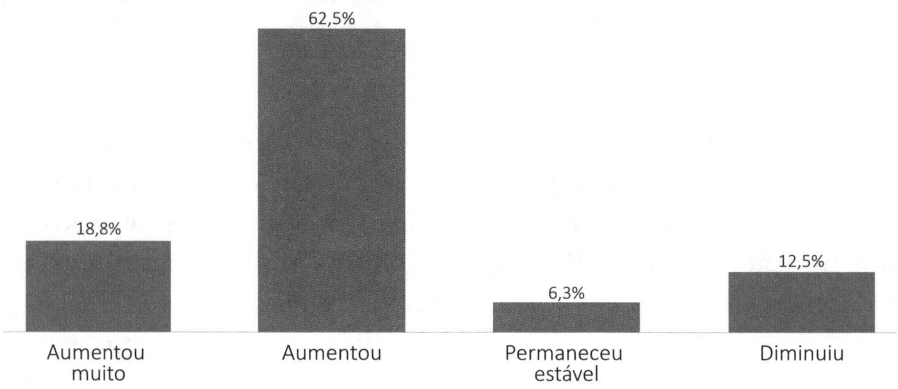


Fonte: Elaboração CNT.

**Gráfico 26**: Expectativa do volume de encomendas oriundas do e-commerce para 2022

Fonte: Elaboração CNT.

Cerca de 90% das empresas entrevistadas informaram ter planos de investimentos para aumentar a capacidade e a eficiência no atendimento da demanda de cargas originadas no e-commerce. Mesmo com a alta generalizada nos insumos e a instabilidade econômica, o resultado pode ser interpretado como um termômetro do interesse das empresas nesse segmento, o que reforça a percepção de otimismo quanto à expansão do comércio eletrônico brasileiro.

Conforme relatado no capítulo anterior, os níveis de serviço exigidos pelos clientes — em termos de acesso à informação e rapidez na entrega — demandam um elevado grau de informatização nos processos logísticos. Assim, o segmento de tecnologia da informação (75%) lidera a intenção de investimentos das empresas avaliadas, à frente dos aportes pretendidos em ativos imobilizados, como ampliação de instalações e infraestrutura (68,8%) e aquisição e renovação de frota (43,8%). Os resultados são exibidos no Gráfico 27.

**Gráfico 27**: Segmentos que receberão investimentos no próximo ano para atender a demanda do e-commerce

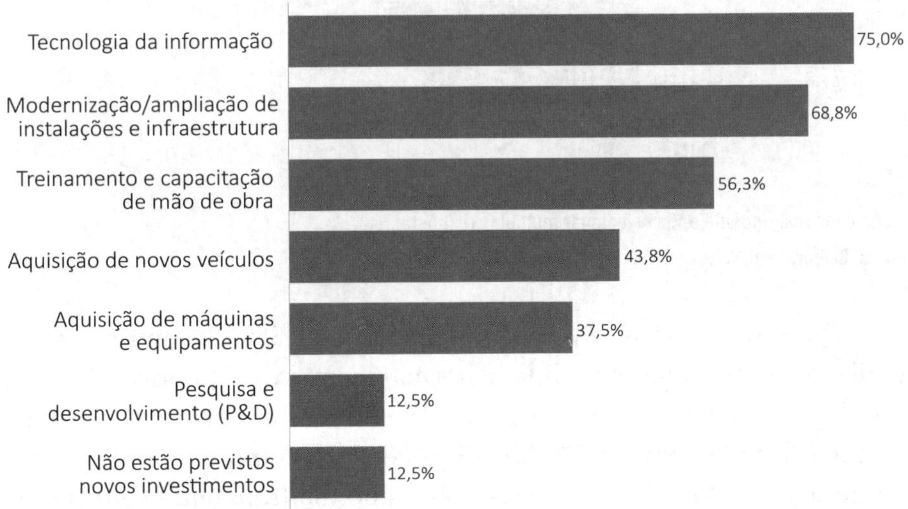


Nota: cada respondente pôde selecionar múltiplas respostas.

Fonte: Elaboração CNT.

O Gráfico 28 apresenta a distribuição de atividades logísticas relacionadas com o e-commerce. A maioria das empresas realiza atividades ligadas, predominantemente, ao transporte em meio urbano — coleta (100%), última milha (93,8%) e logística reversa (81,3%). A transferência (*middle mile* ou longa distância) é realizada por 68,8%; *cross-docking*, por 62,5%; separação e embalagem, 43,8%; armazenagem em geral, 37,5%; e outras atividades (entregas internacionais), 6,3%.

**Gráfico 28**: Atividades logísticas desempenhadas relacionadas com o e-commerce

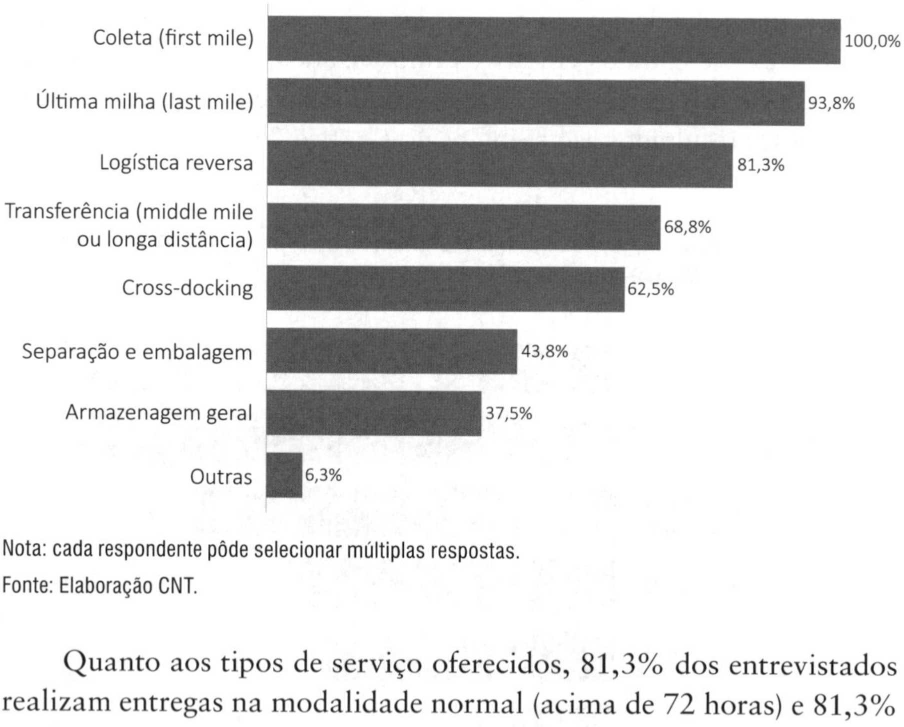


Nota: cada respondente pôde selecionar múltiplas respostas.

Fonte: Elaboração CNT.

Quanto aos tipos de serviço oferecidos, 81,3% dos entrevistados realizam entregas na modalidade normal (acima de 72 horas) e 81,3% no dia seguinte (*next day delivery*). As entregas com horário agendado são ofertadas por 68,8% dos respondentes; entregas expressas (até 72 horas), por 62,5%; e entregas no mesmo dia (*same day delivery*) já são praticadas por 50% dos transportadores (Gráfico 29).

**Gráfico 29**: Modalidades de entrega oferecidas

Nota: cada respondente pôde selecionar múltiplas respostas.

Fonte: Elaboração CNT.

No tocante às mercadorias transportadas, os segmentos de eletrônicos (81,3%), eletrodomésticos (68,8%), informática (56,3%) e moda e acessórios (56,3%) são as principais categorias de produtos com origem no e-commerce (Gráfico 30).

**Gráfico 30**: Principais categorias de produtos transportados

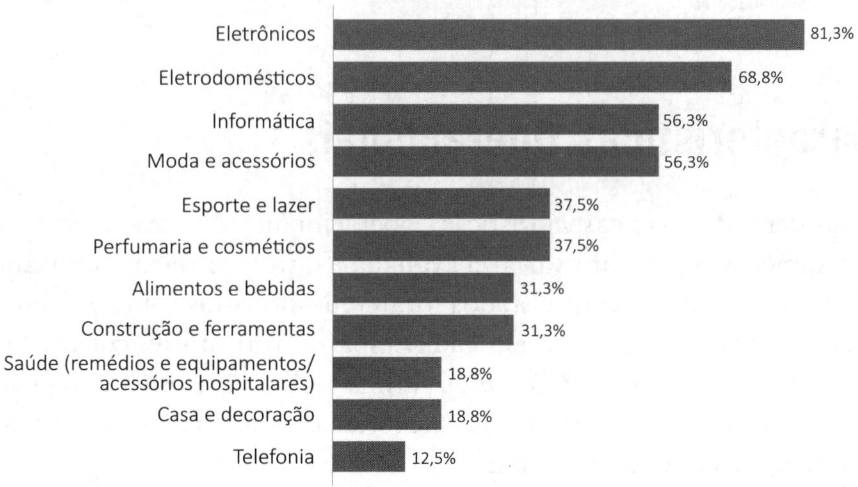


Nota: cada respondente pôde assinalar até 5 alternativas.

Fonte: Elaboração CNT.

Quanto ao perfil de peso dos produtos transportados, o Gráfico 31 mostra que 25% das empresas entrevistadas transportam, em média, cargas de até 2 kg; 43,8%, a maioria, cargas de mais de 2 kg até 10 kg; 12,5%, de mais de 10kg até 30kg; e 18,8%, cargas acima de 30kg.

**Gráfico 31**: Média de peso dos produtos transportados

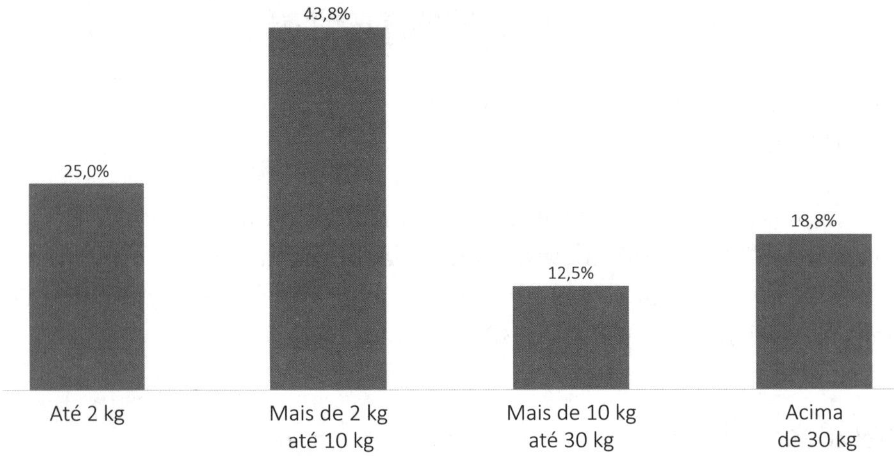


Fonte: Elaboração CNT.

## Características Operacionais

Considerando as características operacionais do transporte no e-commerce, a primeira variável avaliada é o tipo de veículo utilizado. Os transportadores entrevistados foram questionados sobre a composição da sua frota própria em cada etapa do transporte: coleta (*first mile*), transferência (*middle mile*), última milha (*last mile*) e logística reversa. O Quadro 6 resume as categorias e as definições de veículos considerados para as respostas.

**Quadro 6**: Definições dos veículos utilizados no e-commerce

| Categoria | Subcategoria | Definição |
|---|---|---|
| Caminhão | - | Veículo automotor destinado ao transporte de carga, com carroceria e PBT[1] superior a 3,5 t. |
| | Semileve | 3,5 t < PBT < 6,0 t |
| | Leve | 6,0 t ≤ PBT < 10,0 t |
| | Médio | 10,0 t ≤ PBT < 15,0 t |
| | Semipesado | PBT ≥ 15,0 t e<br>Caminhão-chassi \| CMT[2] ≤ 45,0 t<br>Caminhão trator \| PBTC[3] < 40,0 t |
| | Pesado | PBT ≥ 15,0 t e<br>Caminhão-chassi \| CMT > 45,0 t<br>Caminhão trator \| PBTC ≥ 40,0 t |
| Comercial leve | - | Veículo comercial projetado, equipado e caracterizado para o transporte simultâneo ou alternativo de pessoas e cargas, com PBT de até 3,5 t. Inclui picapes (pequenas e médias), furgonetas, furgões e vans (de passageiros). |
| Automóvel | - | Veículo automotor destinado ao transporte de passageiros, com capacidade para até oito pessoas, exclusive o condutor. |
| Motocicleta | - | Veículo automotor de duas rodas, com ou sem *side-car*[4], dirigido por condutor em posição montada. |
| Bicicleta | - | Veículo de propulsão humana, dotado de duas rodas, distinto da motocicleta, motoneta e ciclomotor. |

[1] PBT: Peso Bruto Total

[2] CMT: Capacidade Máxima de Tração

[3] PBTC: Peso Bruto Total Combinado

[4] Dispositivo de uma única roda acoplado ao lado de uma motocicleta.

Fonte: Elaboração CNT, a partir das definições estabelecidas pelo Código de Trânsito Brasileiro (CTB) e pela Associação Nacional dos Fabricantes de Veículos Automotores (ANFAVEA).

A Tabela 1 apresenta os resultados sobre a composição da frota própria, em cada etapa do transporte. A coleta é a fase mais diversa quanto ao tipo de veículo utilizado. As empresas entrevistadas utilizam, em média, 4,8 categorias de veículos diferentes, conforme definição supracitada. Observa-se o predomínio do uso de caminhões (das categorias semileves: 85,7%; leves: 78,6%; médios: 71,4%; e semipesados: 50%). A pesquisa revelou que veículos de menor capacidade também são utilizados nessa etapa, a exemplo dos comerciais leves (50%) e dos automóveis (42,9%).

A transferência, conforme abordado no capítulo anterior, é uma etapa que pressupõe o transporte de carregamentos consolidados por longas distâncias, conectando os pontos de abastecimento com os polos de consumo. Dadas as características dessa etapa de transporte, observa-se, dentre as transportadoras que operam com frota própria, o domínio quanto ao uso de veículos de maior porte, notadamente caminhões pesados (57,1%) e semipesados (57,1%). Outras categorias de caminhões também são utilizadas, embora em menor escala, como médios (35,7%), leves (35,7%) e semileves (28,6%). Em média, são utilizados 2,5 tipos diferentes de veículos na transferência.

Conforme será discutido adiante, a maior parte das entregas realizadas pelos transportadores entrevistados ocorre nas residências dos consumidores. Por conseguinte, os veículos utilizados na última milha, bem como na logística reversa, devem ser versáteis para trafegar em zonas densamente urbanizadas, sujeitas a congestionamentos e restrições quanto à circulação de veículos. São utilizados, em média, 3,6 categorias de veículos distintas pelas empresas entrevistadas nessa etapa. Verifica-se uma predominância quanto ao uso de veículos de menor porte, a exemplo de automóveis (57,1%), comerciais leves (50%) e motocicletas (50%). Caminhões do tipo semileve (50%) e leve (35,7%) também são utilizados nessa etapa. Destaca-se, ainda, o uso da bicicleta, que já está presente na operação de 28,6% dos respondentes.

**Tabela 1:** Análise comparativa da composição da frota segundo as etapas do transporte

| Veículos da frota | Coleta | Tranferência | Última milha e logística reversa |
|---|---|---|---|
| | % | % | % |
| Caminhão semileve | 85,7% | 28,6% | 50,0% |
| Caminhão leve | 78,6% | 35,7% | 35,7% |
| Caminhão médio | 71,4% | 35,7% | 28,6% |
| Caminhão semipesado | 50,0% | 57,1% | 14,3% |
| Comercial leve | 50,0% | 0,0% | 50,0% |
| Automóvel | 42,9% | 7,1% | 57,1% |
| Motocicleta | 35,7% | 7,1% | 50,0% |
| Caminhão pesado | 21,4% | 57,1% | 14,3% |
| Bicicleta | 7,1% | 0,0% | 28,6% |
| Outros veículos | 7,1% | 7,1% | 7,1% |
| NS/NR | 7,1% | 7,1% | 7,1% |

Nota: cada respondente podia escolher múltiplas alternativas.

Fonte: Elaboração CNT.

Em relação ao tráfego em meio urbano, que ocorre principalmente nas etapas de coleta, última milha e logística reversa, os transportadores foram questionados quanto aos principais critérios considerados na escolha do tipo de veículo utilizado. Os resultados são apresentados no Gráfico 32. Para 68,8% dos entrevistados, a capacidade do veículo é o fator preponderante no processo decisório. Em seguida, situam-se a existência de restrições à circulação em meio urbano e o custo final da entrega (ambos com 56,3%); a agilidade no deslocamento (43,8%); o menor tempo de entrega (31,3%); a disponibilidade de entregadores (6,3%). Outros 6,3% não souberem responder ou não responderam.

**Gráfico 32**: Fatores de escolha do tipo de veículo utilizado no transporte em meio urbano

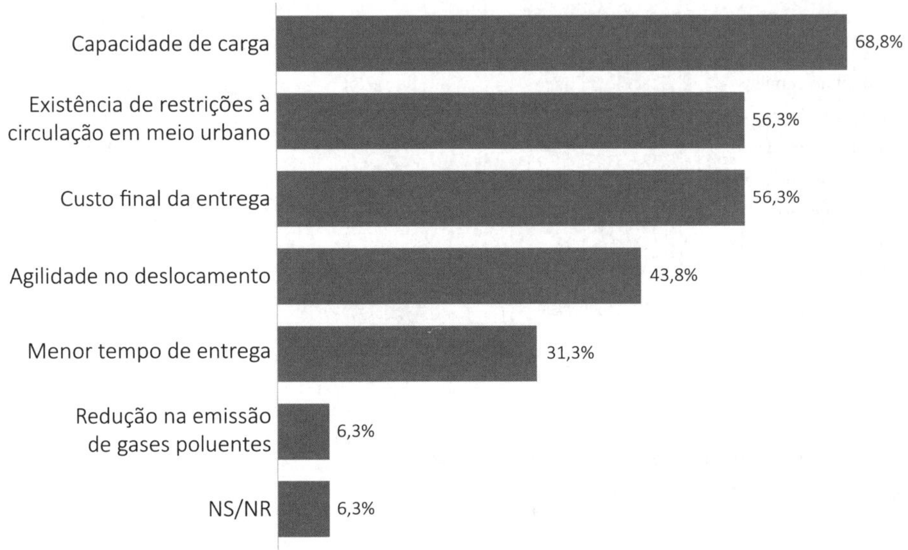


Nota: cada respondente pôde escolher até 3 alternativas.

Fonte: Elaboração CNT.

O Gráfico 33 mostra as principais localidades em que ocorrem as entregas das encomendas para o consumidor final. Observa-se que elas são majoritariamente realizadas na residência ou local de trabalho do consumidor (73,3%). As entregas em Pudos respondem por 21,1%; em armários inteligentes (*smart lockers*), 2,1%; e em outras localidades 3,4%.

**Gráfico 33**: Locais de entrega para o consumidor final

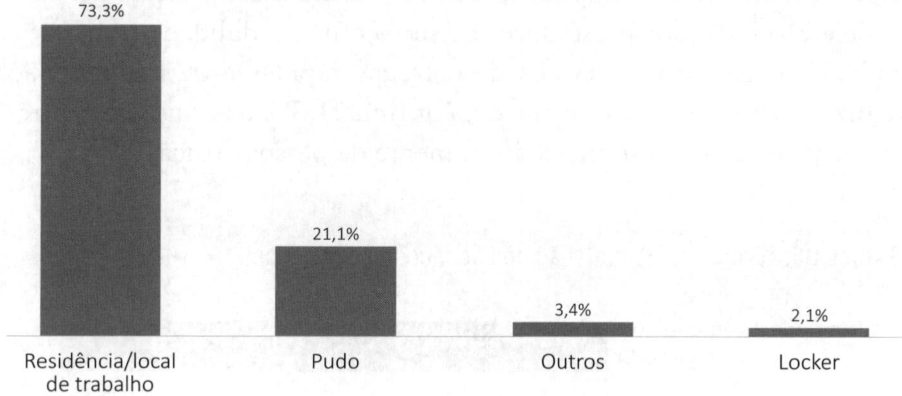


Fonte: Elaboração CNT.

No tocante à terceirização, 100% dos entrevistados afirmaram utilizar o regime para realizar o transporte. O Gráfico 34 exibe a distribuição do uso de transportadores terceirizados por etapa do transporte. Verifica-se que 100% das empresas utilizam, em algum grau, a terceirização na última milha e 81,3%, na coleta. O percentual de terceirização se reduz para 56,3% quando considerada a etapa de transferência.

**Gráfico 34**: Terceirização por etapa no transporte

Nota: cada respondente pôde escolher múltiplas alternativas.

Fonte: Elaboração CNT.

Como pode ser visto no Gráfico 35, 75% dos entrevistados recorrem a Transportadores Autônomos de Carga (TAC) como forma de subcontratação; 62,5%, às Empresas de Transporte de Cargas (ETC); e 50%, aos Microempreendedores Individuais (MEI). Nesta modalidade estão incluídos prestadores de serviço na modalidade transporte rodoviário de carga, serviços de entregas rápidas e de malotes não realizados pelos Correios e outros. Por fim, 31,3% das empresas entrevistadas terceirizam serviços diretamente de pessoas físicas.

**Gráfico 35**: Formas de contratação dos serviços terceirizados

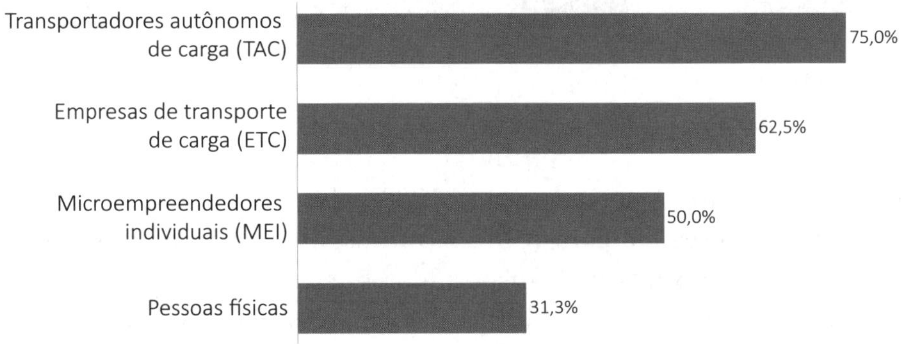


Nota: cada respondente pôde escolher múltiplas alternativas.

Fonte: Elaboração CNT.

A terceirização, conforme já mencionado previamente neste trabalho, envolve o uso de plataformas digitais para a contratação de motoristas individuais, de acordo com as necessidades do transportador. Sobre o assunto, as empresas pesquisadas foram questionadas quanto à utilização do *crowdshipping* em suas operações. A pesquisa buscou identificar os motivos que levaram os entrevistados a aderir ou não a essa prática emergente no e-commerce. O Gráfico 36 exibe os principais motivos considerados pelas empresas que o utilizam. Entre eles, estão: redução nos custos de entrega (75%); maior agilidade nas entregas (50%); escalabilidade das entregas (50%); sustentabilidade (25%); e o fato do *crowdshipping* ser uma prática adotada pela concorrência (25%).

**Gráfico 36**: Motivos que levaram à utilização do *crowdshipping*

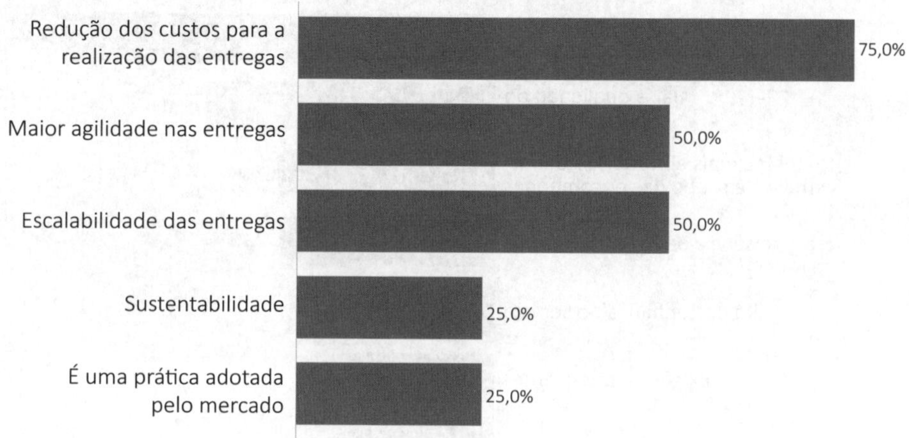


Nota: cada respondente pôde assinalar até 3 itens nesta questão.
Fonte: Elaboração CNT.

Já para as empresas que não aderem ao *crowdshipping*, conforme pode ser visualizado no Gráfico 37, os principais fatores considerados são: riscos trabalhistas e de reputação da empresa — o que inclui a precarização da relação trabalhista e problemas de conduta dos entregadores — (54,5%); baixa qualidade do serviço oferecido (36,4%); riscos mais elevados de danos, extravios e roubos das encomendas (27,3%); ausência de regulamentação (27,3%); falta de confiança no serviço (18,2%); exigência dos clientes (18,2%); outros motivos (18,2%); limitações dos serviços fora dos grandes centros urbanos (9,1%); não souberam responder ou não responderam (9,1%).

**Gráfico 37**: Motivos que levaram à não utilização do *crowdshipping*

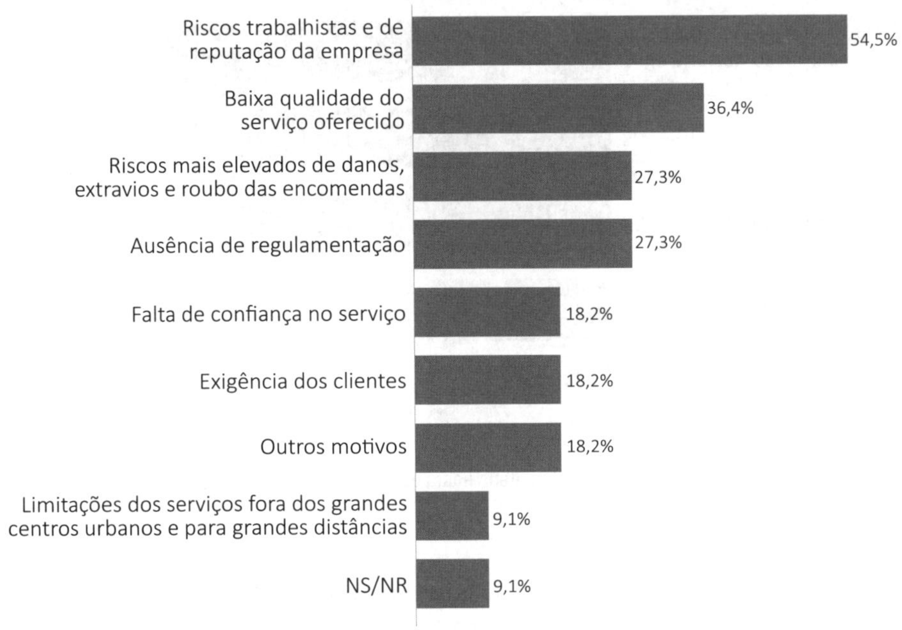


Nota: cada respondente pôde assinalar até 3 itens nesta questão.

Fonte: Elaboração CNT.

No tocante aos custos operacionais, as empresas que participaram da sondagem foram indagadas sobre a distribuição percentual média em cada etapa do transporte, e os resultados são apresentados no Gráfico 38. Observa-se que a última milha é a etapa mais onerosa do processo, respondendo, em média, por 45,2% dos custos totais. Na sequência, figura a transferência, com uma participação de 36,4%, e a coleta responde por 18,4%. Entre os fatores associados com os custos mais elevados na última milha, destacam-se as dificuldades com a locomoção em meios urbanos, as entregas em áreas de risco e os desafios operacionais causados pelo fracionamento das encomendas e limitações quanto ao porte e roteirização dos veículos.

**Gráfico 38**: Distribuição dos custos em cada etapa de transporte

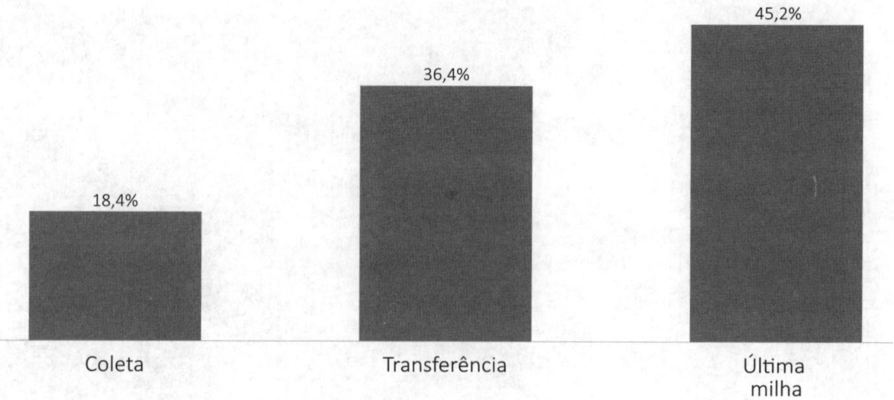


Fonte: Elaboração CNT.

Este capítulo voltou-se para a apresentação dos resultados da sondagem com vistas à caracterização do transporte no e-commerce brasileiro. Dentre os assuntos abordados, verificou-se existir boas expectativas por parte do transportador quanto ao futuro do segmento, razão pela qual parte dos entrevistados manifestou o interesse em investir em tecnologias para melhorar a eficiência operacional e a sua capacidade de atendimento. A questão da inovação tecnológica, juntamente às tendências para o setor, é objeto do capítulo seguinte.

CAPÍTULO 4

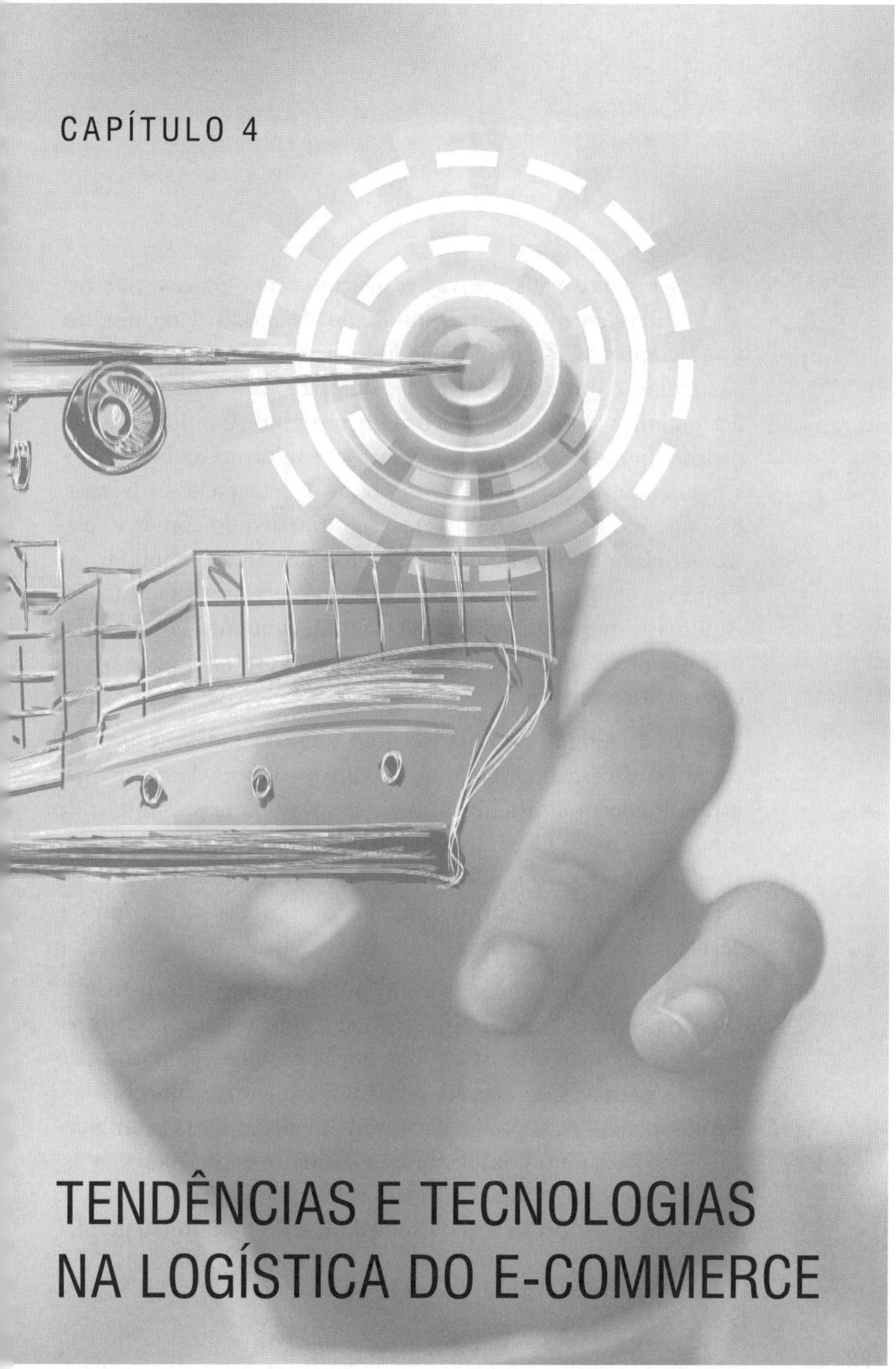

# TENDÊNCIAS E TECNOLOGIAS NA LOGÍSTICA DO E-COMMERCE

As rápidas e disruptivas transições tecnológicas, nas décadas recentes, estão mudando de modo determinante como consumimos bens e serviços. O e-commerce, em particular, é um canal de vendas que está crescendo na esteira da mudança do mundo físico para o digital. O ano de 2020, mesmo diante de uma das piores crises sanitárias da história — a pandemia da covid-19 — e de todos os seus efeitos adversos, foi marcado por um crescimento significativo do comércio eletrônico. Enquanto o número de vendas no canal é ampliado, as empresas continuam a expandir e a diversificar a sua atuação. Algumas estão migrando para o digital, enquanto outras estão investindo em canais até então pouco explorados, como é o caso do s-commerce.[1]

A pandemia tem atuado como um acelerador no processo de transformação digital em todos os setores da economia, estimulando uma dinâmica iniciada antes da crise sanitária e ainda em curso. O barateamento e o acesso facilitado a soluções de automação e tecnologia da informação estão gerando alternativas para o aprimoramento de processos, produtos e serviços, impulsionando a chamada logística 4.0.

Esse fenômeno ocorre concomitantemente à transformação do perfil do cliente. Prevê-se que o consumidor, no futuro, trará consigo características das novas gerações, já nativas do mundo digitalizado — cada vez mais exigentes, conectadas e bem informadas. A preocupação com questões sociais, ambientais e de consumo consciente têm ganhado espaço junto a essas novas gerações, que consideram não somente o seu próprio bem-estar e saúde, mas o da sociedade e do mundo em geral.

Para responder a todas as demandas desse novo perfil de consumidor, o setor de transporte tem buscado estratégias inovadoras e disruptivas em direção a uma logística mais eficiente, responsiva e sustentável. Boa parte dessa mudança baseia-se em tecnologias e modelos de negócio. Com isso, busca-se assegurar uma jornada de compra exitosa para o consumidor, garantindo que o produto adquirido online seja entregue no local, dia, horário e da maneira desejada, equilibrando o nível de serviço com a competitividade operacional.

É nesse contexto de inovação e transformação que esta seção procura aprofundar a discussão sobre aspectos que estão sendo adotados pelo setor de transporte e logística para atender as novas demandas, impulsionadas sobretudo pelo e-commerce.

Os resultados apresentados foram, inicialmente, objeto de um amplo levantamento sobre inovações — já em uso ou ainda em desenvolvimento — com potencial de impactar o setor. Para tanto, foram consultados relatórios técnicos, artigos científicos e livros nacionais e estrangeiros. Os tópicos identificados foram, então, submetidos à avaliação dos responsáveis pelas principais transportadoras que atuam no e-commerce no Brasil. Eles foram questionados se as tendências e tecnologias já são uma realidade nas suas empresas e qual a sua perspectiva sobre o seu uso nos próximos cinco anos. Os resultados são apresentados nas duas próximas seções, respectivamente, sobre tendências e tecnologias.

## Tendências na Logística do E-commerce

A avaliação do transportador quanto às tendências na logística do e-commerce é representada no Gráfico 39. Nele é possível identificar o percentual das empresas entrevistadas que já incorporam certa prática em suas operações, a percepção quanto à incorporação nos próximos 5 anos para aqueles que ainda não a adotam e os transportadores que não vislumbram a sua aplicação em suas atividades empresarias no futuro próximo.

Nas próximas seções, é apresentada uma breve caracterização sobre cada tendência, suas aplicações no transporte e os resultados da sondagem. Ressalta-se que, em alguns casos, tais tendências foram agrupadas dentro de um contexto mais amplo, a exemplo da omnicanalidade, que será vista a seguir.

**Gráfico 39**: Tendências no transporte no e-commerce

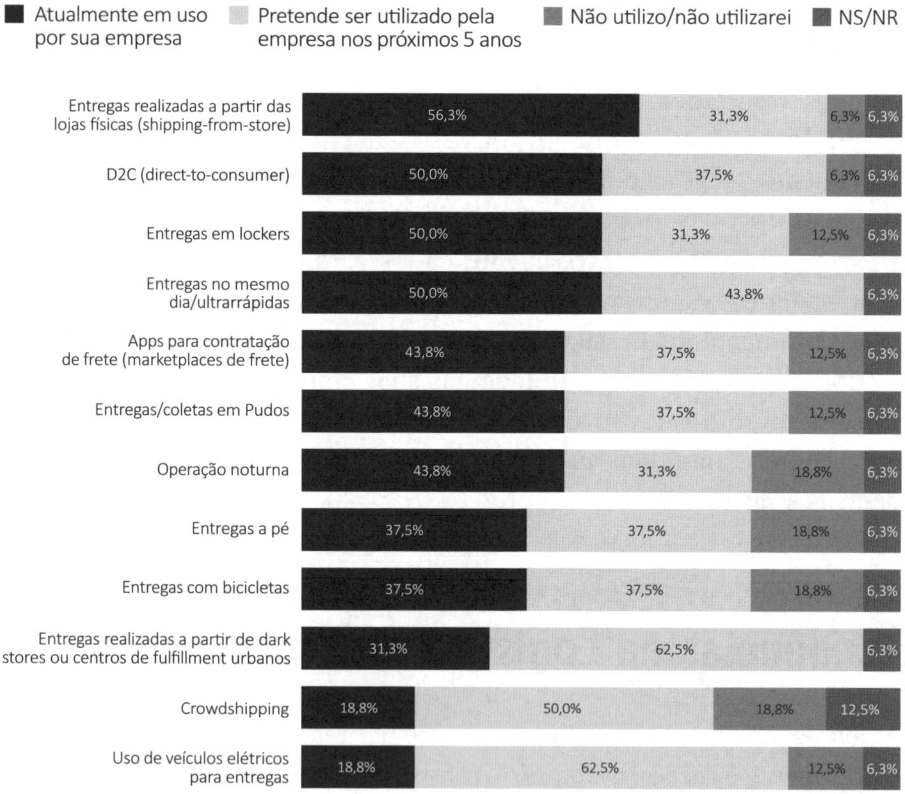


Fonte: Elaboração CNT.

## Omnicanalidade

A omnicanalidade surgiu, em seu princípio, como um conceito voltado para estabelecer a presença de uma marca em múltiplos canais de venda — remotos (analógicos e digitais) e presenciais. Como exemplos desses canais, há o telefone convencional (analógico), desktops e smartphones (digitais) e loja física (presencial). O conceito evoluiu com o passar do tempo e, atualmente, abrange também a qualidade e a eficiência da integração entre os canais, transmitindo a imagem de uma marca unificada e uma experiência de compra personalizada — é o chamado omnicanal 2.0. Isso demanda esforços de integração em toda a organização, não somente em termos de sistemas em diferentes segmentos de atuação.

O objetivo da omnicanalidade é propiciar ao consumidor uma experiência "em qualquer lugar e a qualquer hora". Para atender a essa demanda, as cadeias de suprimento estão se adaptando para integrar seus sistemas de gestão de estoque para vendas online e offline, bem como para atender as entregas no mesmo dia e as entregas ultrarrápidas. Estima-se que o mercado de distribuição omnicanal crescerá cerca de 7% ao ano, em todo o mundo, chegando ao valor de US$ 840 bilhões em 2025.[2]

As empresas de transporte de encomendas já estão se adaptando para atender a demanda por **entregas no mesmo dia e ultrarrápidas.** Atualmente, metade dos entrevistados já entregam nessa modalidade, e a expectativa é que, nos próximos anos, outros 31,3% passem a oferecer o serviço.

A implantação plena da omnicanalidade pressupõe também uma adaptação da logística de distribuição. Algumas empresas estão avançando a localização de seus estoques para pontos próximos aos grandes mercados consumidores, assim como estão ampliando a presença de suas marcas por meio de um número de opções maior para que os consumidores retirem suas compras e devolvam pedidos indesejados.

Indo ao encontro dessa tendência do varejo, verifica-se que as transportadoras já estão adaptadas a algumas práticas do omnicanal.

Por exemplo, as **entregas realizadas a partir de lojas físicas (*shipping-from-store*)** e em **armários inteligentes (*smart lockers*)** já são praticadas por mais da metade das empresas avaliadas. A expectativa é que mais de 30% dos entrevistados adotem essas modalidades no médio prazo.

## E-commerce Direct-to-Consumer (D2C)

O e-commerce *direct-to-consumer*[3] — também conhecido pelos acrônimos D2C ou DTC — refere-se à prática de venda direta para o consumidor final no site de uma empresa, sem a necessidade de intermediários, como varejistas, distribuidores ou atacadistas. As razões que levam as empresas a estabelecer relações diretas com os clientes são diversas: estreitar o relacionamento para levantar informações mais precisas sobre as suas necessidades e expectativas, manter o controle sobre a experiência da marca e diferenciar o seu posicionamento no mercado ou evitar a dependência de gigantes do e-commerce.

O crescimento do e-commerce tem sido um fator que tem impulsionado o avanço dessa modalidade no Brasil. É comum, principalmente nos estágios iniciais do D2C, a terceirização da atividade logística, de modo que se garanta qualidade, velocidade e escalabilidade das entregas. Algumas marcas que possuem rede própria de varejo costumam também utilizar a suas lojas como estruturas de apoio para o *fulfillment*.

Sob a perspectiva do transporte, metade das empresas que participaram da sondagem realizam **entregas para clientes na modalidade D2C**. Além disso, 37,5% dos respondentes veem essa prática como uma realidade em suas empresas nos próximos anos.

## Marketplace de Frete

O marketplace é também um conceito amplamente alicerçado no desenvolvimento e na disseminação de tecnologias de informação e comunicação. Anteriormente, o conceito foi definido como um modelo de negócios que possibilita a conexão entre vendedores e compradores. Assim como ocorre no varejo, um tipo específico de plataforma está emergindo como uma tendência no setor logístico: o marketplace de frete. Esse tipo de site permite interações entre embarcadores e transportadoras, gerando potenciais benefícios para ambas as partes.

Para os consumidores (embarcadores), oferecem condições facilitadas para a consulta de preços e a contratação de múltiplos transportadores. As plataformas também geram valor por agregarem serviços adicionais, tais como rastreamento, gestão de documentos e integração com sistemas de gestão de transportes.

Pelo lado do transportador — seja uma Empresa de Transporte Rodoviário de Cargas (ETC) ou um Transportador Autônomo de Cargas (TAC)[4] —, incluem-se, nos benefícios gerados, o aumento na visibilidade dos serviços ofertados e a exploração de uma eventual capacidade operacional ociosa, minimizando um dos grandes gargalos do transporte de cargas: as viagens vazias.

Entre os entrevistados, 43,8% afirmaram que já utilizam os serviços de **marketplace de frete**, enquanto o percentual daqueles que esperam utilizá-los nos próximos anos corresponde a 37,5%. Essas plataformas já são uma realidade tanto no transporte de cargas do tipo lotação quanto no de cargas fracionadas, com parcerias firmadas com grandes embarcadores para entregas expressas nos meios urbanos. Algumas transportadoras, além de ofertarem os seus serviços nesse tipo de plataforma, também a utilizam para a subcontratação do serviço de transporte.

## Sustentabilidade

Os aspectos ligados aos temas ambiental, social e de governança corporativa, da agenda ESG,[5] estão ganhando espaço na pauta de discussões em diversos setores da sociedade. No campo ambiental, por exemplo, o percentual de consumidores em âmbito mundial que preferem marcas de companhias que apoiam e tomam ações no sentido de proteger o meio ambiente já chega a 55%.[6]

Executivos, acionistas e credores estão se conscientizando da importância de conciliar essas demandas com a estratégia de criação de valor das empresas. O acesso a crédito também tem sido condicionado ao atendimento a requisitos relacionados ao ESG, tendo o volume desse tipo de financiamento triplicado desde 2017.[7]

A temática ambiental — destacada na presente pesquisa — está sendo considerada na formulação estratégica de negócios em empresas de diversos setores. As preocupações de seus gestores passam, entre outros assuntos, pela extração sustentável de matérias-primas, pelo uso de energia de fontes limpas, pelo uso de embalagens sustentáveis e recicláveis e pela construção/adaptação de edificações sustentáveis.

Uma das questões de maior relevância relacionadas ao setor de transporte é a redução na emissão de Gases de Efeito Estufa (GEE). Tais gases contribuem para o aumento médio da temperatura do planeta e para a ocorrência mais frequente de eventos climáticos extremos. O setor responde por uma participação elevada nas emissões antrópicas (causadas pela ação humana) no mundo. Algumas das gigantes globais do setor de transporte de encomendas expressas anunciaram metas para neutralizar a emissão de carbono nas próximas décadas,[8] em consonância com — e eventualmente antecipando — o que foi acordado na COP26.[9]

A preocupação com a redução na emissão de poluentes também chegou ao Brasil. Entre as empresas avaliadas, 18,8% já têm parte da sua operação realizada por meio de **veículos elétricos**, e outros 62,5% pretendem eletrificar as suas frotas nos próximos anos.

Outras ações já em curso também ratificam a consolidação de práticas sustentáveis, a exemplo do uso de **meios ativos (não motorizados) de locomoção — bicicletas (37,5%) ou a pé (37,5%)**. As operações noturnas para coleta e distribuição de encomendas, embora estejam também associadas a questões ligadas às restrições e às dificuldades de locomoção em meios urbanos, é uma prática com potencial de reduzir os níveis de congestionamento e, consequentemente, a poluição nas cidades. De acordo com os resultados obtidos, 43,8% das empresas já têm **operações noturnas.** O Box 1, a seguir, detalha algumas das tendências relacionadas ao transporte sustentável no e-commerce.

**Box 1**

## Sustentabilidade no Transporte no E-commerce

As mudanças climáticas nos últimos anos têm impulsionado acordos e metas internacionais para alcançar a descarbonização global. Nesse contexto, o transporte tem um papel fundamental, pois participa ativamente como um dos principais agentes da cadeia de suprimentos e distribuição de produtos.

Com uma parcela significativa de emissões de GEE na atmosfera, o transporte atualmente utiliza majoritariamente fontes fósseis de energia. No caso do comércio eletrônico, a **última milha** é responsável por 20% a 30% das emissões associadas ao setor de transporte de um país.[1] Um estudo publicado pelo Fórum Econômico Mundial (WEF, na sigla em inglês) sugeriu que o crescimento da demanda pelo e-commerce, até 2030, atrelado aos desafios de tornar a última milha sustentável, pode resultar em 36% a mais de veículos para as entregas locais, 21% de aumento em congestionamentos e um **acréscimo de 32% de emissões de GEE** em relação a 2019.[2]

Para solucionar os desafios supracitados, uma abordagem sustentável na logística de entregas é primordial, pois a otimização da cadeia de suprimentos associada à inserção de novas tecnologias no mercado acelera o atingimento dos objetivos globais de descarbonização. O esquema apresentado na Figura A resume as principais estratégias adotadas na última milha, discutidas nos próximos parágrafos.

Destaca-se a utilização de combustíveis alternativos como forma de promover a sustentabilidade da última milha. Para veículos que utilizam combustíveis líquidos, a exemplo, existem opções de misturas, tais como: biodiesel de base éster, diesel verde e etanol. Já para veículos movidos a gás, existe a opção do biometano. Todas essas fontes apresentam a vantagem de serem produzidas a partir de biomassas (energia renovável), de forma a suprimir ou reduzir as emissões associadas à queima de fontes fósseis.

**Figura A**: Descarbonização da última milha

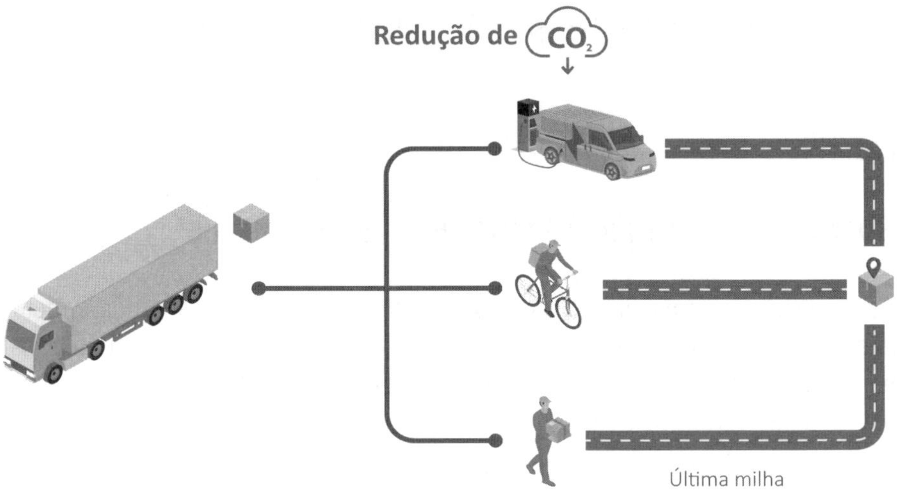


Fonte: Elaboração CNT.

Outra opção em proeminência é a utilização de eletricidade como forma de propulsão. Para o Brasil, essa possibilidade, em termos ambientais, é ainda mais atrativa devido ao aspecto renovável da matriz elétrica brasileira — constituída majoritariamente por fontes limpas, como hidráulica, solar, eólica e de biomassa.

Adicionalmente, a inserção da ciclologística nos processos de entrega, seja ela convencional ou elétrica, garante ganhos ambientais nas cidades devido ao seu potencial de redução de poluentes. Além disso, a permeabilidade desse modo de transporte na malha urbana é assegurada, pois as bicicletas ocupam menos espaço nas vias e são adaptáveis a qualquer tipo de estacionamento, podendo resultar em entregas mais rápidas e de baixo custo, com redução da poluição local.[3] Ademais, as entregas a pé se tornam um ótimo atrativo ambiental, pois é a única alternativa que mitiga 100% da poluição que seria emitida na atmosfera durante a última milha.

Com base no exposto, a sustentabilidade no e-commerce tem sido um requisito importante cada vez mais exigido pelos principais clientes desse segmento. Assim, recomenda-se a adoção de três princípios básicos:[4]

1. **Incentivos para soluções verdes:** segundo o relatório da empresa de consultoria internacional Accenture, 43% dos consumidores são mais

propensos a escolher empresas que oferecem opções de entregas mais sustentáveis;

2. **Compartilhamento de ativos:** locais como armazéns, centros de distribuição, entre outros, devem ser logisticamente pensados, de modo que as redes de distribuição percam redundâncias desnecessárias. Dessa forma, alguns ativos podem se tornar híbridos, desempenhando mais de uma função, como coletas e devoluções de encomendas;
3. **Controle de dados e análises:** a otimização de rotas pode levar a uma redução de até 9% das emissões de GEE, devido ao aprimoramento de entregas locais. Segundo o mesmo relatório, uma rota de entrega que foi estudada e melhorada a partir de dados coletados pode resultar em grande redução de quilômetros rodados na última milha, contribuindo, também, com a redução da emissão de gases poluentes.

[1] *European Comission* (2020).
[2] *World Economic Forum* (2020).
[3] Promob-e (2020).
[4] Accenture (2021).

## Crowdshipping

O termo *crowdsourcing* surgiu da junção das palavras *crowd* (multidão) e *outsourcing* (terceirização). O conceito foi inicialmente cunhado no início deste século para designar uma nova forma de compartilhamento de sistemas baseados na construção coletiva de soluções de problemas, incluindo o desenvolvimento de novas tecnologias, a criação de conteúdo, a prestação de serviços e o financiamento de iniciativas de interesse comum.

O *crowdshipping*, por sua vez, é uma variação mais recente desse conceito aplicado ao contexto da logística. Em uma tradução livre para o português, assemelha-se à logística de multidão ou à remessa coletiva. Baseia-se na ideia de conexão entre embarcadores que necessitam enviar encomendas e motoristas não profissionais dispostos a entregá-las, mediante uma remuneração.

O *crowdshipping* insere-se no âmbito da chamada economia compartilhada (*sharing economy*). Esse novo sistema socioeconômico — tido como uma das tendências mais disruptivas dos últimos anos — está promovendo a substituição da ideia de propriedade pelo compartilhamento de bens, ativos e serviços, baseado principalmente no uso de Tecnologias de Informação e Comunicação (TIC).

As vantagens dos serviços de compartilhamento estão no barateamento dos custos das entregas e na otimização do uso dos veículos. São também uma alternativa viável para entregas sob demanda, no contexto da já mencionada tendência de entregas ultrarrápidas.

Empresas tradicionais nos varejos online e offline têm adotado esse sistema de entregas no Brasil e no mundo. Algumas redes têm desenvolvido suas próprias plataformas, enquanto outras aderiram às existentes.

A expansão das plataformas de *crowdshipping* levou ao surgimento e à adaptação de modelos de negócio diversos. Por exemplo, em sua concepção original, as entregas eram realizadas apenas por motoristas ocasionais (pessoas físicas), sem vínculos empregatícios, que aderiam aos aplicativos como um complemento de renda. Contudo, atualmente, as principais plataformas no mercado contam com motoristas que se tornaram prestadores de serviço em tempo integral nas suas bases. Muitos deles as utilizam como ocupação principal.

O compartilhamento dos serviços de transporte é uma das tendências de destaque no segmento logístico. Algumas das principais transportadoras do e-commerce brasileiro foram criadas sob o conceito de compartilhamento — que, importa destacar, não se restringe somente a veículos. Pode ainda incluir outros ativos, como armazéns e plataformas de *cross-docking*. Assim, tais transportadoras caracterizam-se como empresas "leves em ativos" (*asset light*). Enquanto isso, outras, sobretudo as mais tradicionais, buscam formas de integrar esses serviços às suas operações.

Entre as transportadoras entrevistadas, 18,8% utilizam o ***crowdshipping*** em suas operações. No médio prazo, a expectativa é que esse número cresça, chegando a 68,8%. Conforme a seção "Características Operacionais", no Capítulo 3, os transportadores veem como principais vantagens quanto ao uso dessa modalidade de entrega a redução nos custos, agilidade e escalabilidade da operação, essencial para momentos de flutuação de demanda, característica pronunciada no e-commerce. Por outro lado, a atividade ainda é vista com desconfiança por parte de alguns transportadores, sobretudo em função da qualidade do serviço prestado e aos riscos associados com questões trabalhistas e de reputação.

## Tecnologias na Logística do E-commerce

Nesta seção, são apresentados os resultados da sondagem realizada para este trabalho quanto à avaliação acerca do uso de tecnologias, conforme ilustrado no Gráfico 40. As seções seguintes voltam-se para caracterizar a tecnologia ou o grupo de tecnologias relacionadas, analisar as suas possíveis aplicações no transporte do e-commerce e discutir os resultados encontrados.

**Gráfico 40**: Tecnologias utilizadas no transporte no e-commerce

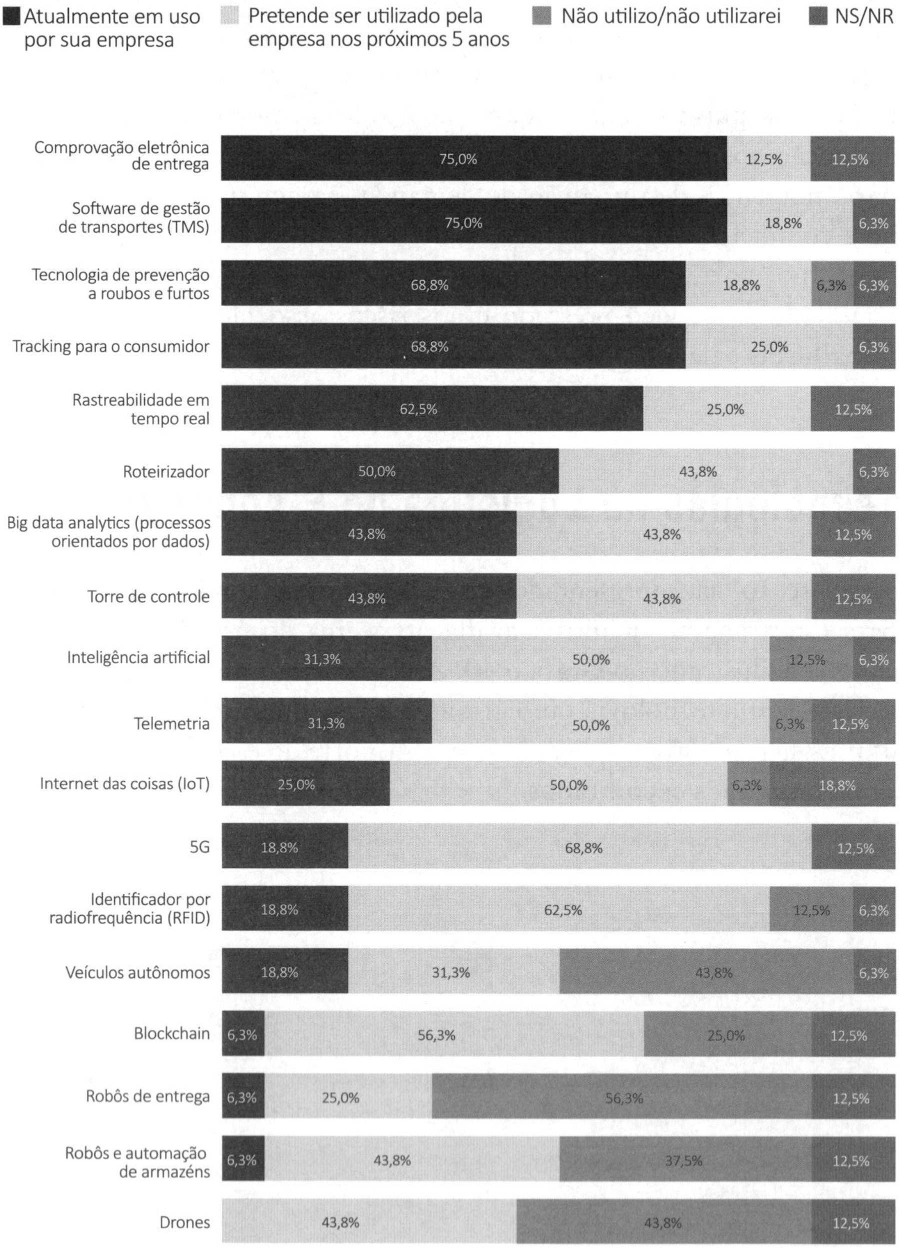


Fonte: Elaboração CNT.

## Internet das Coisas (IoT)

No conceito de Internet das Coisas (*Internet of Things* — IoT) prevê-se que diversos dispositivos e equipamentos, tais como veículos, edifícios, eletrodomésticos e objetos a serem entregues, estarão interconectados digitalmente em rede, enviando e recebendo dados que permitem o acompanhamento remoto de seu estado e a tomada de decisões por parte dos seus gestores, proprietários ou usuários — ou, ainda, embarcadores e destinatários. Esse é um importante conceito com aplicações relevantes para o setor de transportes. Entre as empresas entrevistadas, 75% delas esperam contar com **aplicações do IoT** em seus processos no médio prazo. Algumas delas são discutidas mais adiante.

Essas decisões, nesse contexto de rede, podem ainda ser tomadas de modo automático, pelos próprios dispositivos, de acordo com parâmetros previamente definidos. A exemplo disso, tem-se o conceito de "comunicação entre veículos" (*vehicle-to-vehicle communication*), os quais trocam entre si informações e emitem alertas em relação a possíveis colisões, acidentes, obstáculos e congestionamentos à frente, podendo ainda frear sem a intervenção do condutor. Essa comunicação pode se dar também entre os veículos e as infraestruturas[10] (ex.: sinalização de trânsito) e, ainda, entre eles e as diversas redes.

Em um quadro geral, estão se expandindo, para esses dispositivos e equipamentos, a sua capacidade de enviar, receber, processar e armazenar um enorme volume de dados — que têm o potencial de melhorar a visibilidade, a rastreabilidade e a segurança das operações de transporte. Já nos últimos anos, os dispositivos conectados e os dados por eles gerados tornaram-se responsáveis por ganhos de eficiência e melhorias na qualidade do transporte voltado para o e-commerce. A prevenção de acidentes, a segurança contra roubo de cargas, o monitoramento de veículos e de cargas e a redução de custos são exemplos de áreas de atuação nas quais já se tem soluções de IoT desenvolvidas e em uso pelo setor transportador. Além disso, os veículos atualmente produzidos têm uma quantidade considerável de tecnologia embarcada, que permite obter uma quantidade substancial de dados e realizar previsões com maior assertividade.

Refere-se que foram instituídos, no Brasil, em 2019, o Plano Nacional de Internet das Coisas e a Câmara de Gestão e Acompanhamento do Desenvolvimento de Sistemas de Comunicação Máquina a Máquina e Internet das Coisas — Câmara IoT,[11] com o objetivo de, entre outros, promover ganhos de eficiência nos serviços, por meio da implementação de soluções de IoT, e incrementar a produtividade e a competitividade das empresas brasileiras desenvolvedoras de IoT, por meio da promoção de um ecossistema de inovação neste setor.

A redução de custos de dispositivos e sensores e o desenvolvimento de tecnologias relacionadas — como a RFID, a análise de *big data*, o padrão 5G[12] e o *blockchain* — têm impulsionado o desenvolvimento e a utilização de novas aplicações para a IoT. Possibilitarão ainda novas funcionalidades para atividades já consolidadas no âmbito da logística, a exemplo da rastreabilidade das encomendas, da telemetria e da comprovação eletrônica de entrega.

Nesse sentido, preveem-se melhorias na identificação remota dos diversos elementos da cadeia de distribuição — tais como veículos, contêineres, paletes e pacotes — e na transmissão dessas informações com velocidade e segurança, devido, por exemplo, à baixa latência (o que significa que o tempo de resposta entre a emissão e a recepção dos dados é praticamente imediato) e ao elevado volume de dados suportado pelo 5G. A rastreabilidade, assim, poderá ser efetivada em tempo real, tanto do ponto de vista do embarcador/transportador quanto do destinatário da encomenda. A questão da rastreabilidade é bastante sensível para o transporte do e-commerce. É uma ferramenta de suma importância para a gestão dos transportadores, bem como para a comunicação com os clientes, que, conforme salientado anteriormente, é um dos aspectos mais apreciados pelos consumidores no e-commerce. Tal fato pode ser corroborado com os resultados obtidos na sondagem. As empresas avaliadas adotam tecnologias para fornecer a **rastreabilidade em tempo real da frota** (62,5%) e para o **monitoramento dos clientes** (68,8%). Para que os ganhos sejam potencializados, os sistemas e dispositivos devem integrar ainda outras etapas da cadeia logística, a exemplo da roteirização, da gestão de frotas e do controle do estoque.

A **telemetria**, por sua vez, abrange uma transmissão interativa e responsiva de dados coletados por sensores instalados nos veículos e nos demais dispositivos, como contêineres e mercadorias. Tais dados permitem identificar remotamente uma diversidade de variáveis, a exemplo da velocidade, da temperatura, da umidade, da trepidação, da iluminação, da frenagem, da relação de marchas utilizadas, do consumo de combustível, da abertura e do fechamento de portas e de eventuais tentativas de invasão. Essa tecnologia já é adotada por 31,3% dos entrevistados, e outros 50% vislumbram a sua aplicação nos próximos anos.

Os desafios a serem ultrapassados, para essa funcionalidade, compreendem a interoperabilidade entre diferentes redes, sistemas e protocolos de coleta e a transmissão e a guarda de dados. Incluem, ainda, a compatibilização de dados obtidos por diferentes fornecedores e parceiros, o seu compartilhamento com as autoridades para a gestão dos sistemas viários e a gestão da segurança. O grande volume de dados induzirá que se recorra à inteligência artificial e a algoritmos de análise para antecipar decisões relativas ao gerenciamento do pessoal e da frota e direcionar ações voltadas para a redução do consumo de recursos — como combustível — e dos custos de manutenção, entre outros aspectos operacionais.

A **comprovação eletrônica de entrega**, por fim, trata do reconhecimento, por parte do recebedor, de que a mercadoria chegou ao destino — preenchendo, no momento da entrega, os seus dados de identificação (ex.: RG e assinatura) em um papel ou em um equipamento eletrônico (ex.: tablet). Entre as empresas entrevistadas, 75% já adotam algum tipo de comprovação eletrônica de entrega. Os ganhos de eficiência e segurança previstos com a adoção das novas tecnologias, nessa etapa, estão relacionados com a transmissão e a guarda dos dados relativos a essa comprovação. Preveem-se, ainda, a eliminação dos comprovantes em papel e da necessidade do seu posterior processamento (digitalização) em escritório.

## Sistemas de Gerenciamento de Transportes (TMS)

Os sistemas de gerenciamento de transportes (*Transportation Management Systems* — TMS) consistem em programas informáticos (softwares) que viabilizam ganhos de eficiência nas empresas ao substituir processos manuais, agilizando a disponibilização — e ampliando a precisão — de informações relativas às operações logísticas. Em específico, permitem o planejamento, o gerenciamento e a integração dos recursos de transporte (ex.: frota, fornecedores, rotas, custos, controle de qualidade e acompanhamento de indicadores), tendo um significativo valor agregado para a logística de última milha.

O **TMS** é, em grande medida, utilizado pelas empresas do setor. Segundo a avaliação dos transportadores, 75% já o utilizam, e outros 18,8% pretendem implantá-lo nos próximos anos. Um TMS pode ser integrado na empresa com outros sistemas, como os de gestão de processos organizacionais (*Enterprise Resource Planning* — ERP) e de gerenciamento de armazenagem (*Warehouse Management System* — WMS). As suas funcionalidades variam de acordo com as necessidades das empresas e os sistemas por elas utilizados. Em linhas gerais, essas funcionalidades compreendem a seleção de modais, a consolidação de fretes, a roteirização e programação dos embarques, o processamento de reclamações, o rastreamento de mercadorias e o faturamento e a auditoria dos fretes. O Quadro 7 resume os principais aspectos dessas funcionalidades.

**Quadro 7**: Funcionalidades dos sistemas de gerenciamento de transportes (TMS)

| Funcionalidade | Descrição |
|---|---|
| Planejamento | Fornece apoio para a estruturação das rotas e regiões atendidas, definindo os níveis de subordinação entre elas e o tipo de serviço ofertado, assim como os prazos de atendimento. O sistema auxilia também na formação do valor do frete, estabelecendo tabelas de preços com a possibilidade de inclusão de alterações por tipo de cliente e ferramentas para reajustes. |
| Consolidação de cargas e roteirização | Realiza a formação de cargas econômicas, a partir de suas regras internas de decisão, com base em informações em tempo real sobre o volume do embarque, os destinos e os prazos de entrega. Além disso, o sistema pode atuar na otimização das rotas de transporte e transferências entre filiais. |
| Gestão da frota | Fornece apoio para a manutenção da frota em boas condições operacionais. Para tanto, permite o cadastro de veículos e informações, como seguros, licenciamento, planos de manutenção e desempenho (consumo de combustível, pneus e câmaras). |
| Gestão contratual | Permite, por meio da integração com o sistema dos clientes, a requisição de transporte, o recebimento de ordens de coleta e os registros de notas fiscais. O sistema possibilita a gestão cadastral de clientes e terceiros, de taxas e tarifas. Além disso, faz a emissão de conhecimentos, manifestos de carga e a gestão das faturas. |
| Gestão de pessoal | Faz a gestão da validade das CNHs, treinamentos e certificados específicos dos motoristas. Permite monitorar e controlar, por exemplo, os tempos de parada e de descanso. |
| Rastreamento | Propicia o acompanhamento de veículos e cargas em tempo real (ou praticamente em tempo real). Para tanto, integra tecnologias e dispositivos como códigos de barra, RFID, GPS e computadores de bordo. As informações relativas à localização podem ser disponibilizadas aos clientes e embarcadores via internet ou outros meios eletrônicos. |
| Processamento de reclamações | Auxilia no processamento de queixas sobre o transporte de cargas, reduzindo a participação humana a algumas etapas do processo. |

Fonte: Elaboração CNT.

## Tecnologias de Prevenção a Roubos e Furtos

O gerenciamento de riscos e o investimento em tecnologias de prevenção a roubos e furtos e de recuperação de cargas têm sido adotados por transportadores para minimizar os efeitos da elevada incidência desse tipo de delito nas rodovias brasileiras. Algumas das soluções, inclusive, são exigidas por seguradoras como requisitos para a emissão de apólices de cobertura contra roubos.

O uso da **tecnologia como uma ferramenta para a prevenção a furtos e roubos** é adotada, em diferentes escalas, por 68,8% das empresas entrevistadas, e outros 18,8% pretendem adotá-la nos próximos anos. Há, atualmente, um amplo espectro de aplicações no transporte de cargas para coibir o furto e o roubo de veículos e de suas mercadorias. Entre as principais iniciativas está o rastreamento da frota por meio do uso de tecnologias de transmissão de dados via satélite — como o GPS —, telefonia celular e radiocomunicação. Atuando de forma independente ou em conjunto, essas tecnologias permitem o monitoramento do veículo e da sua carga e a comunicação do motorista com o centro de comando e controle da empresa.

O gerenciamento de riscos também é uma tendência relevante para a prevenção de roubos e furtos no transporte de mercadorias. Nele, deve-se ter em conta, ainda previamente à realização da viagem, um conjunto de variáveis que influenciam a segurança das operações, tais como a quantidade e o valor das mercadorias, os locais mais afetados (áreas de risco), os horários mais suscetíveis à ocorrência de roubos e a eventual necessidade de escolta. Contribuem para o êxito do gerenciamento o zelo com a segurança da informação — evitando, assim, vazamentos sobre a natureza e o valor da carga — e a adoção dos procedimentos de segurança de forma idêntica por todas as partes envolvidas, quer seja mão de obra própria, quer seja terceirizada. É preciso, porém, converter toda essa informação disponível em tomadas de decisão estratégicas e táticas. Decorre disso que sejam utilizadas ferramentas como a *big data analytics* na elaboração do mapeamento das áreas de risco e na sua alocação no planejamento das viagens (nos chamados "rotogramas").

O monitoramento do veículo, ao longo de todo o trajeto, tende a ser feito em tempo real, com a disseminação de tecnologias como a Internet das Coisas, que permite a conectividade de sensores que monitoram a localização e o estado da carga. A instalação de tais sensores no eixo do reboque, por exemplo, permite verificar alterações súbitas no peso da carga, podendo indicar se houve extravio de mercadoria durante o transporte — quer por roubo, quer por queda de carga do veículo.

Os veículos podem ser monitorados por meio da delimitação de um perímetro virtual previsto para o seu deslocamento em determinado itinerário. Caso se evada dessa cerca eletrônica (ou *geo-fence*, no termo em inglês), emite-se um alerta ou o veículo é bloqueado. As cargas também podem ser rastreadas, com o recurso, por exemplo, das chamadas "iscas" — dispositivos rastreadores, de longa duração, inseridos em meio à carga.

Os drones vêm sendo utilizados para o monitoramento remoto de veículos de carga. Essas aeronaves são geralmente acionadas quando há a emissão de um alerta e estão providas de câmeras e sensores cujas informações são transmitidas para as forças de segurança.

O acompanhamento dos citados mecanismos de rastreio, assim como de todas as demais atividades logísticas, pode ser feito nas chamadas "torres de controle logístico". Trata-se de centrais de controle, planejamento e monitoramento que reúnem equipes dedicadas ao acompanhamento remoto e contínuo de todas as atividades relativas à operação e preparadas para a resolução imediata de quaisquer eventualidades. Refere-se, como tendência, nesse monitoramento, o emprego da inteligência artificial na identificação e priorização de eventos críticos.

Importa destacar que a previsibilidade em relação à demanda por mercadorias específicas — a serem roubadas ou furtadas — tende a se tornar mais complexa, à medida que determinados produtos se tornam mais escassos ou valiosos — a exemplo de Equipamentos de Proteção Individual (EPIs), combustíveis ou gás de cozinha. O valor de mercado, por sua vez, não determina por si só o risco de roubo ou furto, dado que mercadorias de baixo valor agregado podem ser de mais fácil receptação e distribuição. Enquadram-se nessa mesma lógica de imprevisibilidade o roubo de cargas inteiras ou apenas de itens avulsos. Portanto, as medidas a serem adotadas para a prevenção de roubos e furtos devem cobrir uma grande variedade de situações.

Na prevenção de delitos de extravio de mercadorias são usados, ainda de forma complementar, dispositivos que bloqueiam o veículo de modo automático, seguro e independente da vontade do condutor quando são identificadas situações de perigo — que incluem violação do veículo, desvio de rota e detecção de *jammer*.[13] Algumas das soluções adotadas apresentam, para os mecanismos de bloqueio, sistemas de comunicação com redundância, perda de potência do veículo — mantida a dirigibilidade — e ocultação aleatória de pontos de bloqueio no veículo — de forma a dificultar a ação dos grupos criminosos.

Ainda que as referidas soluções tecnológicas sejam promissoras para a realização de operações mais seguras, os roubos e furtos têm, ainda, em grande medida, impacto nas decisões relativas ao transporte de mercadorias. A exemplo disso, em áreas de maior risco, algumas entregas são realizadas não no destino final, mas em pontos de coleta predefinidos, cabendo aos clientes buscar ali as suas encomendas.

## Roteirização Dinâmica

O planejamento do transporte de última milha, no e-commerce, deve atender a requisitos muito estritos, tendo em conta, entre outros, o horário de trabalho do pessoal, os custos com eventuais horas extras, a capacidade dos veículos, o número mínimo de encomendas que viabiliza o modelo de negócio, a otimização da utilização dos ativos disponíveis e as janelas horárias para as entregas. Dada a diversidade de encomendas e destinos a cada dia, a definição das rotas de cada veículo tem particular relevância para o atendimento desses requisitos e, de modo mais amplo, para a qualidade do serviço prestado.

Podem ocorrer, porém, imprevistos que impossibilitam as entregas conforme planejado, a exemplo de alterações no trânsito — congestionamentos e/ou obras nas vias —, indisponibilidade dos destinatários para receber as encomendas e avarias nos veículos. Quando os atrasos decorrentes de tais eventos ultrapassam determinado limiar, é preciso definir novos itinerários. Ocorre que, em grande medida, os sistemas de roteirização disponíveis no mercado não permitem que se faça essa adaptação de rotas em tempo real, de forma dinâmica, atendendo todos os requisitos necessários.

A importância da **roteirização** pode ser visualizada por meio dos dados da sondagem. Metade das empresas entrevistadas já utiliza alguma aplicação com essa finalidade; outras 43,8% pretendem adotá-la nos próximos cinco anos. Observa-se, como tendência, que essa funcionalidade venha a ser progressivamente utilizada e que o planejamento e a gestão das frotas sejam centralizados, bem como que os veículos e demais ativos relacionados à entrega estejam conectados. Prevê-se, assim, que a roteirização dinâmica se beneficie do desenvolvimento de tecnologias como a Internet das Coisas, o 5G, a inteligência artificial e a *big data analytics*. Pode tirar partido, ainda, do *crowdshipping* para efeito de consolidação de mercadorias e rotas.

A roteirização dinâmica é relevante, sobretudo, para as entregas rápidas — realizadas no mesmo dia, com uma janela horária reduzida —, permitindo uma previsão acurada dos horários de entrega e melhorando a percepção, pelo cliente, da qualidade do serviço prestado. É uma solução de especial interesse pela sua capacidade de replanejar automaticamente o itinerário dos pedidos e a sequência de entregas e/ou coleta nos *sellers* em função de eventos que ocorram durante a execução das rotas (como congestionamentos, alagamentos e interdições de vias). Evita-se, assim, a perda de tempo e o aumento dos custos de entrega. O seu impacto é também previsível nas cadeias de distribuição com rotas troncais e alimentadoras,[14] dado o efeito em cadeia, nesse tipo de arranjo, dos referidos imprevistos.

## *Big Data Analytics*

A transformação digital e os dispositivos conectados pela Internet das Coisas (IoT) geram diariamente uma profusão de dados que chegam à ordem dos exabytes (bilhões de gigabytes). Esse conjunto de dados, de crescimento exponencial e magnitude além da capacidade das ferramentas convencionais de coletar, gerenciar e analisar, denomina-se *big data*.[15] O desenvolvimento dos meios para a sua análise apresenta novas oportunidades e agrega valor aos negócios. Algumas das suas vantagens consistem em maior transparência, em maior potencial para a realização de previsões e na substituição/complementação de decisões humanas por algoritmos computacionais, evitando erros e enviesamentos.

A análise de megadados (*big data analytics*) inclui processos digitais capazes de descobrir, interpretar e correlacionar padrões em grandes volumes de dados estruturados. Esse tipo de análise é utilizado como ferramenta de apoio na gestão de inteligência de negócio (*business intelligence*). Diferentes técnicas podem ser utilizadas no direcionamento das análises e na geração de *insights*. A seguir, apresentam-se as principais delas:

- **Análise descritiva**: utiliza dados históricos e em tempo real para responder à pergunta "o que aconteceu ou está acontecendo?". Essa é a forma de análise mais utilizada pelas organizações. O seu uso isolado ainda depende da capacidade de analistas e gestores de examinar e interpretar seus resultados para subsidiar o processo decisório;
- **Análise preditiva**: busca responder à pergunta: "como será o futuro com base em tendências e padrões anteriores?". A análise preditiva faz uso de abordagens estatísticas e de modelos descritivos para predizer resultados futuros com certo grau de confiança. Pode ser utilizada para antecipar comportamentos dos consumidores e do mercado;

- **Análise prescritiva**: emprega os resultados de modelos de análise descritiva e/ou preditivos para auxiliar na avaliação da situação atual e na tomada de decisão amparada em previsões consistentes. Possibilita a identificação de novas formas de atuação, equilibrando as restrições existentes e maximizando as métricas de negócio. Com base em simulações e otimizações, oferece *insights* para responder à questão: "o que um negócio deve fazer?";
- **Análise diagnóstica**: fornece um diagnóstico aprofundado sobre um acontecimento específico. Busca identificar o porquê de determinada situação, fornecendo às organizações a dimensão e o alcance do seu impacto para, então, guiar os esforços para o seu aprimoramento.

Entre os transportadores entrevistados, 43,8% já utilizam processos orientados por *big data* em seus cotidianos. O mesmo percentual vislumbra utilizá-los no médio prazo. Algumas aplicações dessa ferramenta na cadeia de transporte do e-commerce incluem a otimização dos níveis de estoque por meio de análises preditivas do comportamento dos consumidores e da demanda, a identificação dos padrões de entregas em determinadas regiões — o que permite melhorias na última milha — e o planejamento mais detalhado das redes de distribuição a partir da geração de mapas de calor de demanda.

## Inteligência Artificial e *Machine Learning*

A Inteligência Artificial (IA) é um ramo da ciência da computação que se ocupa da automação do comportamento inteligente. É uma aplicação de sistema que visa interpretar dados externos, aprender a partir deles e utilizar esse aprendizado para executar tarefas específicas e atingir objetivos por meio da adaptação flexível.

A utilização de *chatbots*,[16] os sistemas de recomendações de filmes, vídeos e músicas e os assistentes virtuais por voz são alguns dos exemplos mais disseminados das aplicações da inteligência artificial. No setor logístico, a IA tem se mostrado uma ferramenta poderosa para superar os mais complexos desafios, como a roteirização dinâmica, a predição de demanda e a automação inteligente.

Há na inteligência artificial uma subárea que aplica ferramentas matemáticas a um grande volume de dados para gerar informações relevantes para a tomada de decisão — o chamado aprendizado de máquina (do inglês *machine learning*). Nele os algoritmos apresentam melhor desempenho quando há um grande volume de dados disponíveis. Deve-se ter em mente, portanto, que os resultados das aplicações são melhorados com base nos dados consumidos por elas. Por esse motivo, há uma inter-relação muito grande entre o desenvolvimento de aplicações de análise de *big data*, a inteligência artificial e o aumento e o barateamento da capacidade computacional.

A inteligência artificial, sobretudo em sua vertente do aprendizado de máquina, desponta como uma ferramenta para viabilizar a análise de grandes volumes de dados, possibilitando a identificação de padrões até então não conhecidos. No setor de transporte, em particular, já é utilizada em diferentes frentes, tais como o serviço ao cliente, a otimização operacional, a gestão de fornecedores e a correção de cadastros. As aplicações em cada uma dessas áreas são detalhadas no Quadro 8.

Apesar do seu potencial, a inteligência artificial é utilizada somente por 31,3% das empresas que participaram da sondagem. Contudo, nos próximos anos, a expectativa é que um número crescente (50%) passe a utilizá-la.

**Quadro 8**: Aplicações do aprendizado de máquina no setor de transporte

| Área | Aplicação | Descrição |
|---|---|---|
| Serviço ao cliente | Informações sobre as entregas | Elaboração de previsões mais detalhadas e precisas sobre o andamento das entregas. Incluem a predição sobre a data e o horário mais prováveis e a antecipação de problemas que possam impactar na experiência do consumidor, como atrasos, inconsistências em endereços etc. |
| | Entrega personalizada | Customização das entregas para os consumidores, com base em seus hábitos e gostos. Por exemplo, horários mais adequados para a entrega, tipo de embalagem, forma de ser contatado etc. |
| | Roteirização | Definição de rotas mais rápidas, curtas e seguras, a partir da predição sobre o tráfego e a incidência de furtos e roubos em determinada localidade. Permite também a atualização dinâmica das rotas com base nas ocorrências. |
| Otimização operacional | Tempo de carregamento | Predição sobre o tempo de carregamento dos veículos. |
| | Recursos para expedição | Predição quanto à equipe e aos equipamentos a serem mobilizados para a expedição. |
| | Gestão de atrasos | Previsões sobre a probabilidade de atraso nas entregas. |
| | Segurança da carga | Predição sobre a necessidade da adoção de medidas de prevenção contra roubos e as ferramentas mais adequadas na ocasião (ex.: uso de iscas[1], escolta ou carros-fortes). |
| | Seleção de tabela de frete | Predição sobre o tipo de tabela de frete mais adequada: dinâmica ou fixa. |
| | Balanceamento de transportadoras | Análise do melhor equacionamento da distribuição de viagens entre as transportadoras, levando em consideração fatores ligados à qualidade do serviço, aos custos e aos riscos, dentre outros. |
| | Gestão de ocorrências | Antecipa a identificação de ocorrências na entrega e automaticamente gera alertas para ações de contingência (ex.: remarcação da entrega). |

▷

(Continuação)

| Área | Aplicação | Descrição |
|---|---|---|
| Otimização operacional | Identificação de condutas de risco dos motoristas | Detecção precoce de condutas que podem aumentar a probabilidade de envolvimento em acidentes e mortes no trânsito, como utilização de telefone celular, sonolência, consumo de bebida alcoólica e utilização de substâncias ilícitas. |
| | Doca de carregamento | Previsão da doca mais adequada para o carregamento do veículo. |
| | Gestão eficaz de estoques | Predição da demanda por determinado produto em uma região, de modo que seja possível avançar racionalmente o estoque necessário para atender determinada área a partir de centros de distribuição em suas proximidades (resulta em entregas mais velozes). |
| | Verificação de documentos | Previsão sobre a necessidade de verificação documental de motoristas, do veículo e da carga. |
| Gestão de fornecedores | Otimização de cotação dinâmica | Otimização da carga para cotação dinâmica de frete. |
| Correção de cadastros | Ajuste de cadastro | Identificação de inconsistências em cadastros de produtos, predição dos valores corretos e efetiva correção. |
| | Atualização de endereço de entrega | Reconhecimento de diferenças entre o endereço cadastrado de entrega e a geolocalização em tempo real do consumidor. Caso necessário, a atualização do endereço pode ser feita, e a roteirização do veículo, atualizada. |

[1] Dispositivo de rastreamento posicionado junto à carga, normalmente acondicionado dentro de caixas e embalagens em geral, passando-se por qualquer outro pacote de entrega.

Fonte: Elaboração CNT, adaptado de GMC (2020).

## Internet 5G

O 5G — acrônimo cujo significado remete à quinta geração — corresponde a um novo padrão tecnológico para a utilização de bandas de radiofrequência para serviços de comunicação e transmissão de dados. Esse padrão representa uma mudança significativa de paradigma quanto às possibilidades tecnológicas que suscitará, pois se caracteriza por uma latência muito baixa, pelo grande número de dispositivos que podem ser conectados em uma mesma área e pela elevada confiabilidade.

Esse padrão, já implantado em alguns países, destina-se tanto à telefonia (redes móveis) quanto, de um modo mais geral, à conectividade de sistemas e equipamentos, preenchendo requisitos para a implantação de tecnologias — já em desenvolvimento — como a dos veículos autônomos e a chamada Internet das Coisas. Na opinião de 87,5% dos entrevistados, o 5G será uma realidade em suas operações ligadas ao e-commerce no futuro próximo.

Refere-se que, em novembro de 2021, foi realizado o leilão para a autorização do uso de radiofrequências nas faixas de 700 MHz, 2,3 GHz, 3,5 GHz e 26 GHz no Brasil, marcando o início da implantação do padrão 5G no país. O valor total arrecadado no leilão superou os R$ 47 bilhões, sendo mais de R$ 40 bilhões destinados a investimentos para ampliar a infraestrutura de telecomunicações. Entre as obrigações assumidas pelos vencedores do certame, incluem-se, além da implantação da tecnologia 5G propriamente dita, a garantia de cobertura 4G em 2.349 trechos das rodovias federais, totalizando 35.784 km, e em 7.430 localidades ainda sem conexão. Estava previsto que, até meados de 2022, o 5G deveria estar disponível nas capitais brasileiras, sendo progressivamente implantado nas demais cidades.[17]

## Identificação por Radiofrequência (RFID)

A tecnologia de RFID (do inglês *Radio-Frequency Identification*) consiste em uma forma de identificação automática e remota de dados armazenados em etiquetas (*tags*), por meio de sinais de rádio. As etiquetas podem ser afixadas em objetos, veículos, animais e pessoas, permitindo o seu rastreamento. Essa tecnologia possui função semelhante à do código de barras e do código QR,[18] mas se diferencia deles pelo fato de a leitura ser feita a uma distância superior e, ainda, sem a necessidade de uma linha de visão direta.

As etiquetas (*tags* RFID ou *tra*) são compostas por um microchip que contém dados e uma antena e são capazes de transmitir sinais de rádio em uma gama de frequências que varia de 850 MHz a 2,5 GHz. A tecnologia funciona com base na interação entre um transceptor[19] (etiqueta) e um equipamento leitor. Esses dispositivos podem ser ativos ou passivos quanto ao envio de sinais.[20] Na proximidade dos leitores, as *tags* captam as ondas RFID e reportam a informação, que é encaminhada para um sistema computacional, a exemplo de um ERP, SCM ou CRM[21] (Figura 12). Os dados podem ser lidos a uma distância de até algumas centenas de metros, a depender da configuração dos equipamentos. A característica fundamental da tecnologia é a sua capacidade de reter uma grande quantidade de informações e detectar várias *tags* ao mesmo tempo, possibilitando a geração de respostas automatizadas.

**Figura 12**: Esquema de utilização do RFID

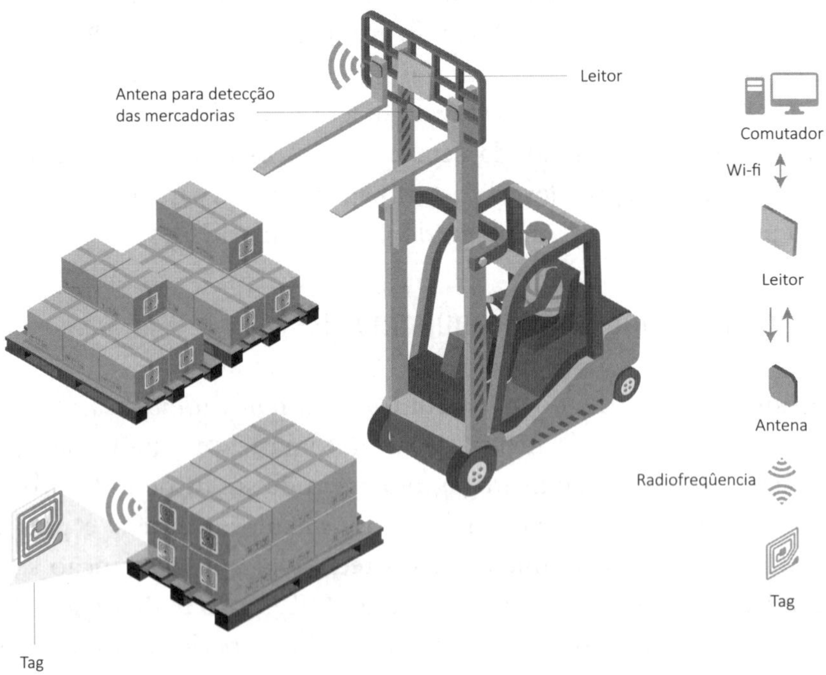


Fonte: Elaboração CNT.

No âmbito da logística, as etiquetas podem ser fixadas em produtos, embalagens ou paletes e identificadas por receptores de rádio em locais diversos, como armazéns, veículos e lojas. Algumas das vantagens do uso do RFID são:

- Diminuição do esforço e do custo da informação gerada;
- Aumento do controle dos processos internos e melhoria da percepção dos clientes sobre o andamento de seus pedidos;
- Facilitação do processo de rastreabilidade logística, permitindo a reconstrução da trajetória do produto em toda a sua cadeia;
- Automatização e consequente redução de custos, permitindo rotinas de trabalho sem a necessidade de execução manual, de forma padronizada e eficiente.

Diversas organizações têm utilizado a combinação de dispositivos sem fio e RFID para registrar a entrada e a saída de mercadorias, localizar itens, controlar estoques, evitar roubos e trocar informações com clientes e fornecedores. No setor de transporte, o uso do RFID está aprimorando o processo de rastreamento de encomendas, que ainda é, majoritariamente, realizado de forma manual e individual por meio do código de barras existente em cada pacote, ao longo dos pontos pelos quais ele passa. O uso da referida tecnologia propicia o rastreamento coletivo, rápido e automatizado, mesmo que os pacotes estejam acondicionados dentro de unitizadores, que são unidades de transporte fechadas (caixas, *bags*, contêineres).

No contexto da sondagem realizada neste trabalho, somente 18,8% das empresas atualmente utilizam a **RFID**, e outras 62,5% pretendem implementá-la em suas operações no médio prazo. Quanto às expectativas sobre o seu uso, é importante destacar que, embora as suas primeiras aplicações sejam datadas da década de 1980, a tecnologia ganhou mais destaque nos últimos anos com o advento da Internet das Coisas.

## Veículos Autônomos

Já há algumas décadas, a automação de veículos se enquadra em uma tendência na qual a condução é assistida por funcionalidades que mantêm a velocidade e a estabilidade do veículo, evitando a ocorrência de acidentes. Entre elas, referem-se o *cruise control* (piloto automático), a centralização automática na faixa e a frenagem de emergência assistida.[22] No seguimento disso, em anos recentes, diversas empresas têm investido de forma significativa no desenvolvimento de sistemas informáticos e equipamentos (como câmeras, sensores e radares) que, utilizados de modo combinado, venham a permitir a operação dos veículos de modo autônomo, sem a intervenção de um condutor. A automação veicular, assim, define-se segundo determinados níveis, cujas características estão detalhadas no Quadro 9.

Tem-se como objetivo principal desse investimento no desenvolvimento de veículos autônomos o aumento da segurança, dado que, uma vez efetivada a automação, o fator humano será eliminado das possíveis causas de acidentes. Além disso, tanto do ponto de vista do transporte de cargas quanto do de passageiros, prevê-se a redução dos custos com pessoal (motoristas) e a disponibilização dos veículos em tempo integral, sem a necessidade de paradas para descanso. Prevê-se ainda que haja maior fluidez do tráfego e redução dos congestionamentos e do consumo de combustível. Haverá impactos também ao nível da demanda por estacionamento, cuja localização não mais demandará uma vinculação de proximidade com o destino da viagem — após o desembarque do passageiro, o veículo poderá estacionar em um local mais distante. Assim, serão possíveis novos usos e ocupações do solo urbano atualmente utilizado para vagas de parqueamento.

Atualmente, há em circulação veículos de passageiros com os níveis 2 e 3 de automação e, em caráter experimental ou restrito, veículos com o nível 4 de automação em vias públicas ou em circuitos fechados.

**Quadro 9**: Níveis de automação veicular

| Nível | Tipo de automação | Características |
|---|---|---|
| 0 | Sem automação | Não há autonomia do veículo. O condutor desempenha todas as atividades da condução. |
| 1 | Assistência ao condutor | O veículo é controlado pelo condutor, que é auxiliado por um sistema de direção assistida na condução ou na frenagem/aceleração (mas não nas duas atividades simultaneamente). |
| 2 | Automação parcial | O veículo dispõe de funções como aceleração, frenagem e condução que podem ser acionadas em modo automatizado simultaneamente — em determinadas circunstâncias. O condutor deve, porém, em todos os momentos, estar envolvido com a condução e monitorar o ambiente à sua volta. |
| 3 | Automação condicional | O sistema de condução automatizada do veículo pode desempenhar todas as funções da condução — em determinadas circunstâncias. O condutor deve estar presente, mas não é preciso que monitore o ambiente à sua volta continuamente. Ainda assim, deve estar sempre apto a assumir o controle do veículo, mediante alerta. |
| 4 | Automação elevada | O sistema de condução automatizada do veículo pode desempenhar todas as funções da condução e monitorar o ambiente à sua volta — em determinadas circunstâncias. Nessas situações, o motorista não precisa estar atento à condução — podendo, ainda, ter a opção de assumir o controle do veículo. |
| 5 | Automação total | O sistema de condução automatizada do veículo pode desempenhar todas as atividades relacionadas à condução sob quaisquer circunstâncias. Os ocupantes do veículo são apenas passageiros e nunca precisam se envolver na condução. Ainda assim, podem ter a opção de assumir o controle do veículo. |

Fonte: Elaboração CNT, adaptado de *Society of Automotive Engineers*[23] (*SAE*) e *National Highway Traffic Safety Administration*[24] (*NHTSA*).

Para além do transporte de passageiros em veículos de uso individual ou coletivo — mais difundido no imaginário coletivo —, os veículos autônomos têm tido progressivamente aplicações em cadeias produtivas (agrícolas e minerais) e na logística de mercadorias. Nesta, em particular, no transporte de longa distância (ou transporte na milha do meio), nas instalações logísticas e no transporte de última milha.

Nesse sentido, têm sido desenvolvidos e testados, em situações reais, caminhões autônomos para o transporte de cargas em longa distância. Justifica-se a adoção dessa tecnologia não apenas por uma questão de redução de custos e de ganhos de eficiência, mas também devido ao aumento da segurança, sobretudo se considerarmos a severidade dos acidentes que envolvem veículos pesados, dados os seus elevados peso próprio e inércia.

As funcionalidades previstas para a automação de veículos de carga abrangem a condução assistida — manutenção de velocidade adequada e de distância segura em relação aos demais veículos —, a centralização automática na faixa, a detecção de veículos em pontos cegos, o piloto automático, a formação de pelotões[25] e a condução totalmente autônoma.

Algumas das maiores montadoras de caminhões e empresas de entrega de encomendas, em colaboração com *startups*, estão desenvolvendo soluções para o transporte mais seguro, confiável e econômico por meio da automação. Estimativas de uma empresa sueca que opera entregas com caminhões autônomos de nível 4 apontam para uma redução de até 60% nos custos de transporte em relação a um caminhão convencional movido a diesel com um motorista. Testes com viagens realizadas por pelotões de veículos autônomos indicam que a economia de combustível pode chegar a 7%. Quanto mais a tecnologia evolui, mais se pode pensar em reduções ainda mais expressivas nos custos de transporte, com o repasse dos benefícios para os consumidores do e-commerce e a consequente indução da demanda nesse segmento.

Importa destacar que, dadas as características geométricas e de tráfego das rodovias rurais, que são mais previsíveis e com menos elementos que as vias urbanas, há a perspectiva de que a implantação da automação total se dê antes, e em escala mais larga, nos caminhões utilizados em longa distância que nos veículos em meio urbano.[26] Pode, ainda, em etapa intermediária, ser adotada solução mista, na qual o veículo pesado é conduzido de modo autônomo em rodovias e por motoristas apenas em meio urbano. Em quaisquer dos cenários, o desenvolvimento de outras tecnologias, como o 5G, a inteligência artificial e o *machine learning* impulsionarão a implantação da automação veicular e contribuirão para o aumento dos seus níveis de segurança.

Há questões legais, regulatórias e de aceitação pública a serem resolvidas para que a automação veicular se torne uma realidade. E, ainda, muitos desafios tecnológicos a serem ultrapassados. Nesse sentido, o desenvolvimento dos sistemas e equipamentos, pelas diferentes empresas e instituições, tem se mostrado mais difícil do que inicialmente previsto. É preciso que os sistemas automatizados, exaustivamente testados, mostrem-se à prova de falhas, estando previstas todas as suas possíveis ocorrências — a exemplo de risco de invasão de *hackers*, erros inerentes ao próprio sistema e decisões que envolvam questões éticas. A automação veicular, assim, pode ter uma implantação mais facilitada em ambientes controlados, particularmente quando dedicada ao transporte de mercadorias.

Nesse contexto, 18,8% dos entrevistados adotam, em suas operações, **veículos com algum nível de automação**, e 31,3% os utilizarão no médio prazo. Apesar do seu potencial de disrupção na forma como o transporte é realizado, 43,8% avaliou a tecnologia como "não utilizo ou não utilizarei". Esse resultado, contudo, deve ser interpretado dentro do horizonte de tempo ainda necessário para o desenvolvimento e a aplicação da tecnologia comercialmente em seus níveis superiores, que pode exceder os cinco anos avaliados pela sondagem.

Outra aplicação prevista, já em testes, corresponde à utilização de veículos autônomos de pequena dimensão — caracterizados por vezes como "robôs". Com a última milha representando cerca de 45% dos custos da entrega, conforme apontam os dados da sondagem, as entregas realizadas por robôs se mostram como uma alternativa de especial interesse para o e-commerce. Esse tipo de veículo também pode ser utilizado como suporte a entregadores que fazem o percurso final a pé em determinadas vizinhanças — à medida que os seguem de modo autônomo, realizando uma "entrega assistida". Caso o veículo fique vazio antes do final do expediente, devido a todas as encomendas terem sido entregues, eles podem regressar ao centro de distribuição por conta própria para que as entregas não sejam interrompidas. A utilização dos **robôs de entrega** na última milha foi objeto da sondagem. Dos respondentes, 6,3% dizem utilizá-los, 25% consideram a utilização nos próximos anos e 56,3% afirmaram não utilizar ou ter pretensões de utilizá-los, resultado que deve, novamente, ser analisado sob a perspectiva de viabilidade da sua aplicação comercial no prazo de avaliado.

## *Blockchain*

A *blockchain*[27] consiste em um protocolo de segurança — também chamado "protocolo de confiança" —, cuja aplicação inicial se deu no mercado financeiro, com o surgimento das criptomoedas. Rapidamente, essa tecnologia foi implantada em outras áreas, principalmente pelo seu enorme potencial de criação de redes com elevados níveis de confiabilidade. Basicamente, essa tecnologia permite a criação de bancos de dados descentralizados e distribuídos entre os vários participantes de determinada rede. Quando um dado é inserido nessa rede, é preciso submetê-lo aos elementos que dela fazem parte. Estes farão a validação dessa transação por meio de criptografia[28] e, caso validada, será inserida na rede distribuída.

Uma vez registrado na *blockchain*, o dado torna-se disponível para todas as partes que detêm o acesso. Se, porventura, houver a necessidade de alteração, todos os participantes necessariamente precisam confirmar e autorizar a mudança, que fica registrada. Isso gera mais transparência e confiança. Como todos os participantes da rede detêm cópias dos dados, não há lugar à atuação de um agente verificador. Além disso, a tecnologia se beneficia da sua conexão por rede. Em vez de contatos diretos realizados entre os envolvidos, cada parte interage individualmente com a rede, que redireciona a validação para o resto do mercado. Ganhos de velocidade são obtidos com esse formato, sobretudo em transações que envolvem múltiplas partes. O esquema de funcionamento da *blockchain* pode ser visualizado na Figura 13.

**Figura 13**: Funcionamento da *blockchain*

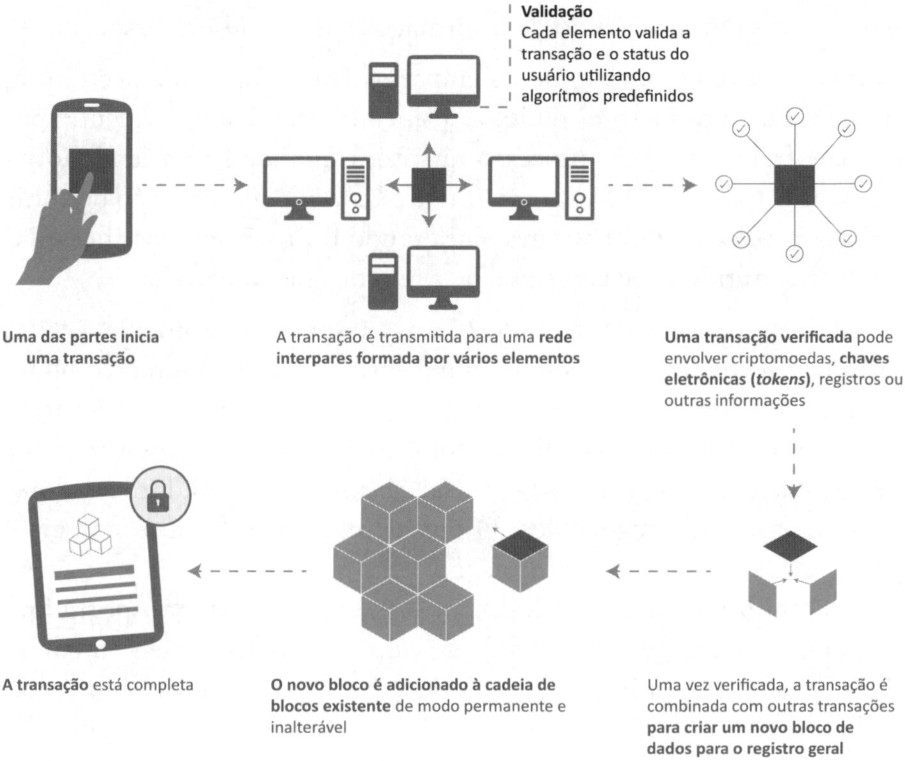


Fonte: Elaboração CNT, adaptado de PWC (2020a).

Embora ainda pouco utilizada pelas empresas que participaram da sondagem, 62,5% dos respondentes pretendem utilizá-la nos próximos anos. A *blockchain* tem aplicações promissoras na cadeia de suprimentos. Entre elas, duas, descritas a seguir, são de especial interesse para a logística do e-commerce.

O transporte de encomendas é um processo que, normalmente, envolve um número considerável de agentes e documentos. Tome-se como exemplo o caso do varejista eletrônico que, após a confirmação de uma venda, emite a nota fiscal com os dados da transação. O documento passa, então, para a posse do transportador, que emite um CT-e.[29] Em seguida, esse pode redespachar a encomenda a outra transportadora, que emite então outro conhecimento de transporte.

Na última milha, após o motorista da empresa entregar a encomenda ao seu destinatário, há a necessidade da confirmação do recebimento, o que inicia um novo fluxo de informações no sentido reverso.

Nesse exemplo, são quatro empresas envolvidas, que necessitam trabalhar com os mesmos dados sequencialmente. Ficam evidentes potenciais fragilidades do processo quanto à qualidade e à lentidão na troca de informações. Nesse caso, a *blockchain* pode atuar ao permitir a troca precisa de informações, acelerando o processo e, assim, reduzindo a quantidade de erros que ocorrem durante a entrega.

O segundo caso a ser referido diz respeito à reconciliação das faturas. Normalmente, as empresas de varejo no e-commerce lidam com um número muito grande de transportadoras para atender todo os destinos no Brasil — e, ainda, com expressivos volume e variedade de encomendas geradas. Portanto, faz-se necessário validar os valores e os quantitativos negociados. O benefício do uso dessa tecnologia é garantir a segurança da informação, pois haverá uma automatização na contabilização e na precificação. Nesse modelo, a transportadora assina o contrato de prestação de serviço na *blockchain* e o embarcador o confirma. Assim, a cada entrega, uma nova informação é gravada na cadeia de blocos. Ao final de determinado ciclo — um mês, por exemplo —, tem-se um registro preciso dos valores a serem pagos. Substitui-se, dessa maneira, um processo predominantemente manual, suscetível a erros e fonte de desgaste entre as partes, por algo automatizado e confiável.

## Automação nas Instalações Logísticas

A automação nas instalações logísticas abrange atividades em áreas internas e externas — a exemplo da carga, descarga e movimentação de mercadorias em armazéns e outras áreas de acesso controlado, como pátios e terminais (portos e aeroportos) —, tendo já aplicações práticas em diversas empresas do setor.

Os veículos que se movem de modo autônomo nessas instalações podem se orientar por algum tipo de guiamento, como marcas no piso, cabos e ímãs e ainda utilizar câmeras, lasers, *transponders*, sensores e tecnologia computacional para se deslocar, desviando de obstáculos e se ajustando de forma dinâmica a novos itinerários.

Tem-se por objetivo, com a automação, obter ganhos de eficiência e segurança, permitindo o convívio seguro dos veículos com o fluxo de pessoas nesses ambientes. Do ponto de vista da mão de obra, busca-se evitar erros, movimentos repetitivos, lesões e fadiga.

Os equipamentos automatizados têm diferentes configurações e funcionalidades, de acordo com o tipo de mercadoria ou objeto que transportem e as atividades às quais estejam dedicados. Podem ter portes diversos, desde plataformas para transporte de contêineres e *Unit Load Devices*[30] (ULDs) a empilhadeiras, tratores de reboque, caixas móveis,[31] veículos de pequena dimensão e robôs fixos com braços articulados. Alguns deles podem ainda ser operados intercaladamente de forma autônoma e manualmente — por um ser humano.

A automação logística pode levar a incrementos significativos de produtividade no processamento de pedidos para o e-commerce. O uso de robôs autônomos em centros de *fulfillment* pode aumentar em até 50% a produtividade do transporte de ponto a ponto (P2P — *point-to-point*) de cestas e paletes e, em até 150% para o *picking* assistido de pedidos.[32] Além dessas aplicações, a automação nas instalações logísticas pode ser usada para outras finalidades, como a limpeza, o mapeamento e a vigilância. Destaca-se que somente 6,3% dos entrevistados adotam em alguma medida a automação em suas instalações logísticas e 43,8% pretendem implantá-la em até cinco anos.

## Drones

Os drones[33] são aeronaves remotamente pilotadas[34] utilizadas originalmente para fins militares e que, em anos recentes, passaram a ter uma diversificação dos seus usos, a exemplo de recreação,[35] registro de imagens (fotos e vídeos) e vigilância. No âmbito da logística, os drones podem ser utilizados na realização de inventários, em movimentações internas, em operações de monitoramento e segurança, na inspeção de ativos e de infraestrutura e na entrega de mercadorias na primeira e na última milhas — sendo esta uma inovação ainda em desenvolvimento.

Essas aeronaves permitem, potencialmente, ganhos de eficiência em relação aos veículos terrestres, devido às rotas mais diretas — ainda que não se preveja que os venham a substituir na realização de entregas. São, ainda, uma alternativa aos congestionamentos.

Esses veículos apresentam reduzida capacidade de carga, sendo, assim, destinados a encomendas leves — com até 5 kg[36] — e de maior valor agregado e a entregas no mesmo dia, com elevada confiabilidade. Demandam uma área de pouso, para carga e descarga, que pode estar associada a pontos de coleta previamente definidos — não realizando, assim, necessariamente, a entrega até a porta do cliente. Podem também estar inseridos em uma cadeia de transporte multimodal, sendo a entrega finalizada, por exemplo, em motocicleta.

Os drones geralmente são sustentados por um conjunto de hélices que lhes confere estabilidade e permite pousos e decolagens na vertical — à semelhança de um helicóptero. Quanto à dimensão, as aeronaves capazes de transportar cargas mais pesadas são relativamente maiores e demandam uma área maior para o pouso. Estima-se, assim, que o seu potencial uso para o e-commerce volte-se para áreas rurais, com baixa densidade populacional, onde há maior disponibilidade de espaço. Refere-se que há previsão de que entrem em operação drones de entregas de grande porte, com capacidade de até 350 kg, para entrega de mercadorias em áreas remotas e/ou de difícil acesso — sendo que esses utilizarão pistas para pousos e decolagens na horizontal.

As limitações à implantação desse tipo de entrega são ainda de diversas ordens, conforme segue:

- De acordo com a legislação atual,[37] é proibida a operação autônoma de aeronaves não tripuladas no Brasil. É preciso, portanto, que os drones sejam pilotados remotamente;
- Há restrições quanto ao sobrevoo de áreas de segurança e sobre pessoas não envolvidas na operação;

- Há questões regulatórias a serem definidas no âmbito do tráfego aéreo, do transporte de mercadorias e também dos locais de carga e descarga;
- Há limitações devido ao espaço aéreo em áreas densamente povoadas e na proximidade de aeroportos e helipontos — dado o afastamento mínimo exigido em relação a outras aeronaves;
- A autonomia de voo dos drones ainda é limitada;
- É preciso dirimir os riscos de interceptação e invasão por *hackers*;
- Pode haver, por parte da população em geral, preocupações quanto à privacidade, ao ruído e à segurança na operação das entregas.

Apesar dos desafios a serem superados, empresas já estão realizando testes e operações controladas de entregas com drones em diversos países, como os Estados Unidos. No Brasil, a Anac concedeu, no início de 2022, a primeira autorização para uma empresa realizar operações comerciais de entregas com drones limitadas a um raio de 3 km, com cargas de até 2,5 kg. A permissão incluiu a realização da atividade em ambientes urbanos, desde que respeitadas rigorosas regras de segurança de voo, obstáculos e pedestres. Esse foi um importante avanço para que as entregas com esses equipamentos se tornem uma realidade no país.

Dentro do contexto da sondagem com os transportadores, 43,8% dos respondentes pretendem utilizar **drones** em suas operações no médio prazo; outros 43,8% não veem a sua utilização nesse período.

CAPÍTULO 5

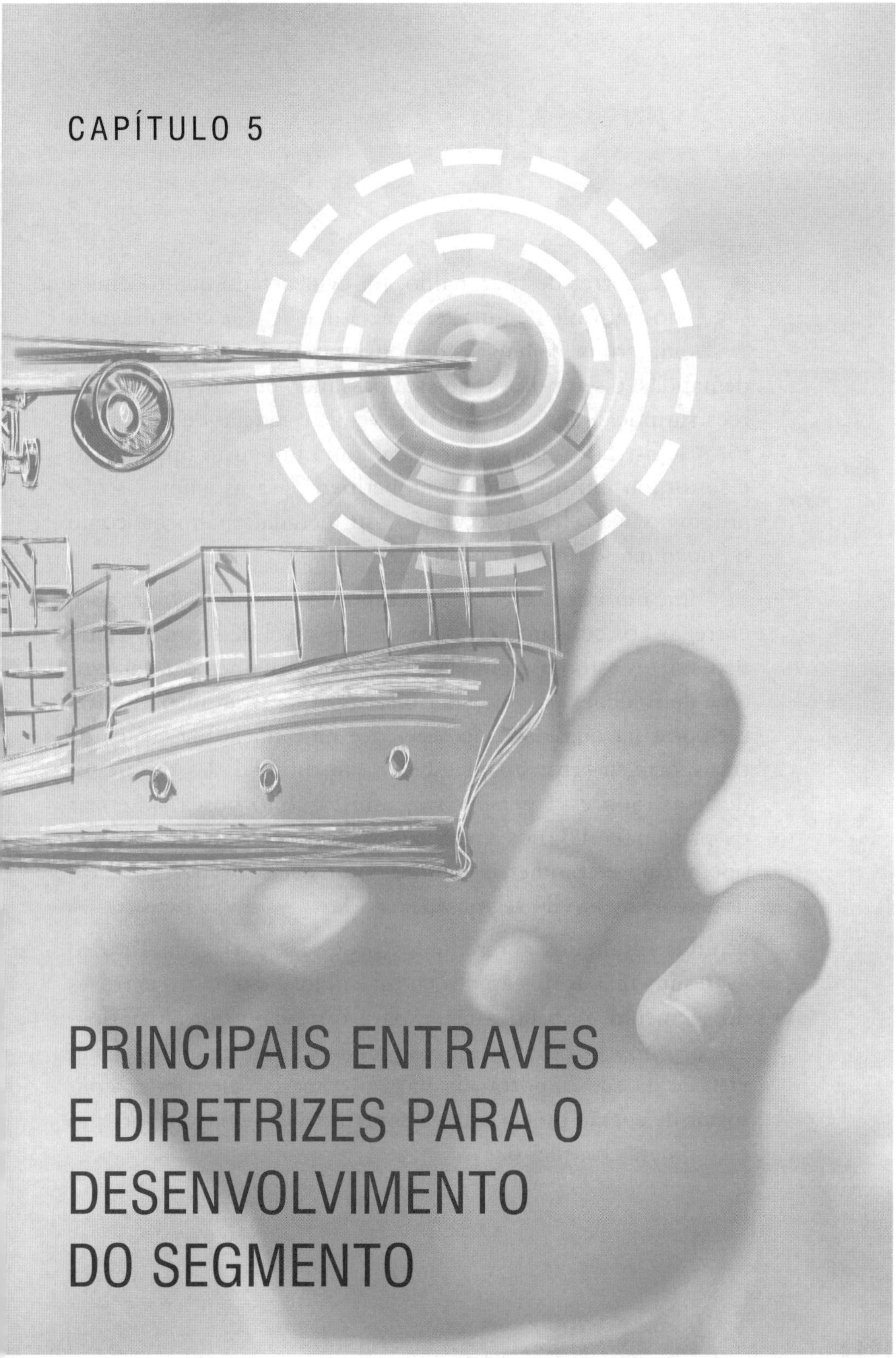

# PRINCIPAIS ENTRAVES E DIRETRIZES PARA O DESENVOLVIMENTO DO SEGMENTO

No decorrer deste trabalho, foi evidenciado que o comércio eletrônico é uma tendência que vem se consolidando em termos de hábitos de consumo. Para atender às novas demandas, o setor do varejo está passando por um processo de reestruturação dos seus canais de venda e cadeias de suprimento. A logística deixou de ser vista como um custo operacional e se tornou um diferencial competitivo para as empresas que atuam no meio eletrônico, sendo considerada atualmente como o "novo marketing" no e-commerce.

Em um curto espaço de tempo, foi preciso evoluir para entregar aos consumidores um melhor nível de serviço, sendo necessários esforços com vistas ao desenvolvimento tecnológico e de soluções para atender o setor. Apesar da incontestável melhoria na qualidade do serviço e na redução de custos de transporte, o setor ainda esbarra em dificuldades de ordens diversas. Sob essa perspectiva, este capítulo busca sintetizar os principais desafios vivenciados pelas transportadoras que operam no e-commerce e apontar possíveis diretrizes para o desenvolvimento do segmento.

Os resultados apresentados no Gráfico 41 e no Gráfico 42 resumem a avaliação dos entrevistados quanto aos entraves do segmento, respectivamente para o transporte rodoviário e aéreo. Importa destacar que os modais foram escolhidos em virtude da sua importância para o comércio eletrônico, conforme discussão prévia sobre a caracterização do transporte no e-commerce brasileiro.

**Gráfico 41:** Principais entraves para o transporte no e-commerce (modal rodoviário)

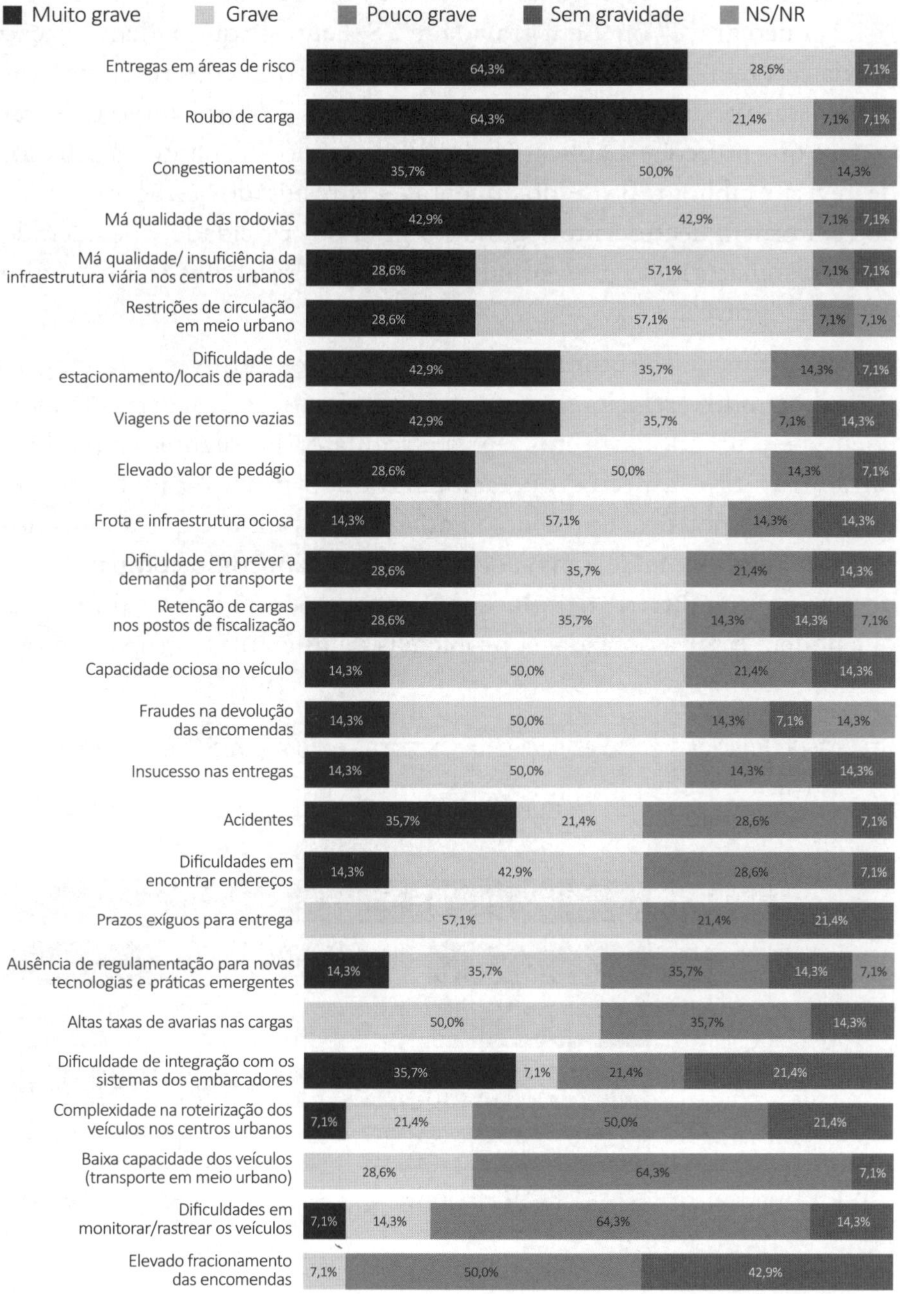


Fonte: Elaboração CNT.

Cada respondente foi questionado sobre a sua percepção acerca de uma série de entraves, tendo que classificá-los em "muito grave", "grave", "pouco grave" ou "sem gravidade". Salienta-se que a identificação prévia das temáticas contou tanto com as contribuições recebidas nas entrevistas presenciais com os transportadores e outros intervenientes — fase que precedeu a aplicação do questionário — quanto os achados da revisão bibliográfica e documental. Os resultados estão organizados em ordem decrescente segundo o grau de criticidade, considerado como o somatório do percentual de avaliações recebidas como "muito grave" e "grave".

Para fins de estruturação deste capítulo, os entraves foram agrupados segundo o relacionamento entre as temáticas, a saber: transporte em meio urbano, aspectos legais e regulatórios, segurança pública, infraestrutura e aspectos operacionais. Cada grupo é analisado em uma seção específica, apresentada adiante. Ressalta-se que alguns dos entraves relacionam-se a mais de um grupo, bem como compartilham de uma mesma diretriz de solução. O mesmo ocorre com as diretrizes, que podem estar associadas a problemas de diferentes agrupamentos.

**Gráfico 42**: Principais entraves para o transporte no e-commerce (modal aéreo)

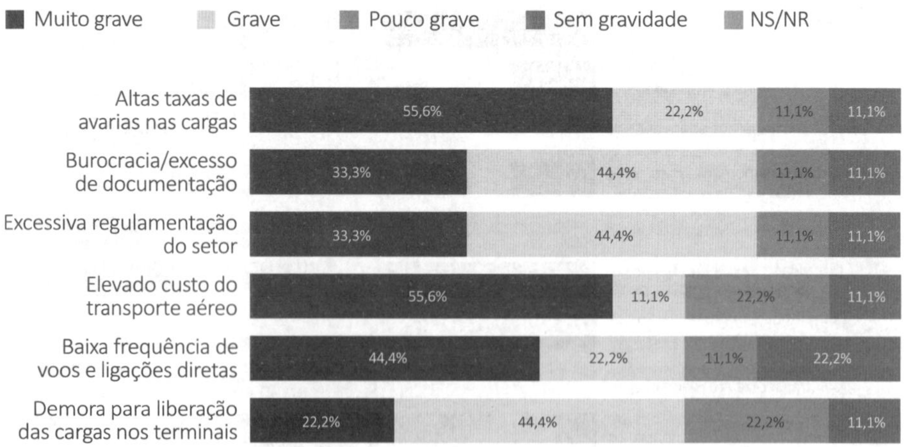


Fonte: Elaboração CNT.

## Transporte em Meio Urbano

A maior parte das entregas originadas no comércio eletrônico é destinada a consumidores residentes nas principais regiões metropolitanas do Brasil, como São Paulo, Rio de Janeiro e Belo Horizonte. O tráfego nessas cidades se caracteriza pelos **elevados índices de congestionamento e déficits de estacionamento e locais de carga e descarga.** Na percepção dos transportadores entrevistados, 85,7% consideram os engarrafamentos nos grandes centros urbanos como críticos.[1] Dentro da escala de criticidade, o item fica atrás somente de questões relacionadas com a falta de segurança. A dificuldade de encontrar vagas de estacionamento e pontos de parada para os veículos é vista como crítica para 78,6% dos respondentes.

Sob essa perspectiva, é importante que os governos municipais, com o suporte do governo federal, **efetivem a Política Nacional de Mobilidade Urbana (PNMU)**, instituída pela Lei nº 12.587/2012, desdobrada por meio do Plano de Mobilidade Urbana, sobretudo no que tange às ações voltadas para melhorar a fluidez do trânsito e para garantir o ordenamento e o disciplinamento da logística urbana.

No âmbito das políticas de mobilidade urbana, essas devem ser pautadas em ações planejadas e proativas para **preparar o espaço urbano para os impactos correntes e condições futuras**. Nesse sentido, orienta-se que essas sejam formuladas com a devida avaliação sobre as potenciais implicações que o aumento da demanda de viagens, estimulado pelo crescimento do e-commerce, pode ter em seus sistemas viários.

Tendo em vista a baixa capacidade histórica do Estado em investir em melhoria e expansão da infraestrutura urbana, governos municipais — em diferentes localidades e escalas — têm implantado **medidas para restringir o tráfego, o acesso de veículos e o uso do solo.** Essa é uma prática utilizada como justificativa para dirimir o conflito entre transporte de passageiros e de cargas. As ações adotadas podem abranger a regulamentação dos estacionamentos, com a criação de áreas para carga e descarga, restrições a veículos de carga (peso, altura e comprimento), zonas para a circulação de veículos de carga (áreas e horários) e rodízios veiculares de acordo com as placas de veículos.

Segundo levantamento realizado quanto às restrições de tráfego, em 2021, 493 municípios brasileiros já adotavam — ou eram afetados por — algum tipo de restrição quanto à circulação de caminhões.[2] As regras criadas, embora tenham a sua importância para a coordenação do tráfego, afetam diretamente a eficiência operacional nas entregas em meios urbanos. Normalmente, as operações nessas localidades são feitas com o uso de veículos de menor capacidade. Consequentemente, mais viagens são necessárias, o que, por sua vez, torna mais complexo o gerenciamento e a roteirização do transporte. Existem também conflitos gerados pela incompatibilidade entre os atos normativos de cidades limítrofes — normalmente dentro de uma mesma área metropolitana — quanto aos horários de restrições, às dimensões e ao PBT admissível. Diante desse contexto, as restrições à circulação são um entrave crítico para 85,7% das empresas avaliadas.

As restrições de circulação em meio urbano foram objeto do estudo intitulado *Logística Urbana — Restrições aos Caminhões?*,[3] elaborado pela CNT. Nesse trabalho, são sugeridas **diretrizes para mitigar parte dos impactos no transporte de cargas nessas localidades**. Citam-se, por exemplo, a compatibilização dos horários e de veículos permitidos em municípios vizinhos; a ampla divulgação — por meio de sinalização e outros meios de informação — das regras existentes sobre as restrições; e a implantação — onde houver demanda — de locais de parada e descanso, onde os veículos possam aguardar, com segurança e sem comprometer a fluidez do tráfego, o horário de liberação para a circulação na área restrita.

Em linhas gerais, verifica-se, a partir do panorama apresentado, que os entraves relativos ao tráfego em meio urbano têm impactos diretos nos custos de transporte e, consequentemente, em diversas cadeias, inclusive no e-commerce. É uma questão sensível para a manutenção das condições para o desenvolvimento do setor, tendo em vista a já discutida aversão do consumidor em relação ao preço do frete. Todavia, diante da ineficiência do Estado em formular políticas públicas de mobilidade e investir em infraestrutura, o setor privado tem atuado no sentido de tornar mais eficiente a operação do transporte em meios urbanos. Esse assunto será abordado na seção sobre aspectos operacionais.

## Aspectos Legais e Regulatórios

Existe um enorme contrassenso quando se fala em e-commerce e **burocracia nas operações logísticas.** Enquanto o primeiro termo se qualifica como uma transação que ocorre essencialmente no ambiente eletrônico, significativa parte das operações logísticas voltadas para o e-commerce ainda está fundamentada em processos e legislações obsoletas, fortemente dependente da emissão de papel.

A sobrecarga gerada pelos processos burocráticos pode ser mitigada com a transformação digital de processos, especificamente com a **digitalização dos documentos relacionados com as obrigações acessórias**. Propõe-se, portanto, a substituição da obrigatoriedade de impressão de três documentos fiscais — o Documento Auxiliar do Conhecimento de Transporte Eletrônico (Dacte); o Documento Auxiliar do Manifesto de Documentos Fiscais Eletrônicos (DAMDFE); e o Documento Auxiliar da Nota Fiscal Eletrônica (Danfe) — pelas respectivas versões digitais na forma de códigos QR, permitindo, assim, a eliminação do uso de papel e, por meio de sistemas eletrônicos, a fácil consulta das informações fiscais.

A legislação vigente exige que o Danfe acompanhe as mercadorias em trânsito, normalmente, afixado na parte externa das encomendas transportadas. Embora hoje já se permita o uso da versão simplificada na forma de etiqueta, ainda há a **obrigatoriedade de exposição de uma série de informações sensíveis** no documento, como o valor total da nota e dados do cliente. A exposição desse tipo de dado pode facilitar ações de roubos e furtos, cujo quadro atual já produz efeitos negativos para o setor, além do inconveniente aos consumidores, que têm seus dados pessoais expostos (nome, CPF, endereço etc.) em todas as encomendas. **A digitalização dessas informações e o acesso por código QR** pode ser uma alternativa para tornar o processo mais seguro e, ao mesmo tempo, permitir as devidas ações de fiscalização.

Para a transformação digital das obrigações acessórias, como proposto, requer-se **um elevado grau de integração entre os entes federativos**. Sabe-se, no entanto, que o atual cenário é exatamente o oposto. Há uma grande variabilidade quanto às obrigações, os procedimentos e à capacidade fiscalizatória em diferentes estados. Portanto, faz-se necessário que essas medidas sejam adotadas de forma integrada e, principalmente, que **todos os estados disponham de capacidade e recursos necessários para compatibilizar processos de fiscalização** e implantar tecnologias capazes de ler códigos de barra e códigos QR, possibilitando a checagem dos dados completos da mercadoria e o recolhimento de impostos.

A omnicanalidade, como visto anteriormente, é uma transformação que está ocorrendo no varejo como uma resposta para prover uma melhor experiência para o consumidor. Por se tratar de um modelo recente, **a atual legislação brasileira ainda impõe obstáculos quanto à implantação do omnicanal**, que, se destravados, podem contribuir para o desenvolvimento do potencial do e-commerce e para a redução do custo do transporte. Para tanto, faz-se necessário **o apoio a ações orientadas à regulamentação da atividade**. É o caso do Projeto de Lei (PL) nº 148/2019, que prevê a harmonização das normas tributárias com as novas práticas.

Uma das medidas propostas pelo projeto versa sobre a adequação do regramento do ICMS nesse tipo de operação. Propõe-se a sua não incidência nas operações de transferência de mercadorias, vendidas no omnicanal, para simples entrega ao consumidor final, ficando o vendedor principal como responsável pelo cumprimento da obrigação tributária. O projeto inclui também a possibilidade de lojistas online (*pure players*), que não têm lojas físicas, ofertar a retirada de mercadorias em Pudos. Por fim, o projeto pretende regulamentar a logística reversa, viabilizando a devolução de produtos adquiridos via internet em estabelecimentos físicos, em caso de arrependimento ou troca.

Ainda na temática tributária, merece destaque um problema de maiores proporções, que é **a complexidade e as distorções estruturais do sistema tributário brasileiro.** Essa é uma pauta geral, que constitui um entrave para o desenvolvimento de qualquer tipo de negócio no Brasil, incluindo o e-commerce e o transporte. É tamanha a complexidade tributária que as empresas gastam cerca de 1.500 horas por ano, em média, para adimplir suas obrigações.[4] Isso é mais tempo do que em qualquer outro país no mundo. Pelo exposto, **é premente a necessidade de uma reforma tributária** abrangente que traga simplicidade, justiça e neutralidade ao sistema e, acima de tudo, que não eleve ainda mais a carga tributária.

No questionário de sondagem, foi elaborada uma pergunta específica para avaliar a percepção dos transportadores quanto aos aspectos tributários. Corroborando com o que foi discutido até esse ponto, entraves de natureza burocrática, como o volume de documentação e procedimentos para o pagamento de tributos, são apontados como os de maior impacto nas operações das empresas, seguidos pela complexidade da estrutura tributária. Os resultados são exibidos no Gráfico 43.

**Gráfico 43**: Principais entraves de ordem tributária

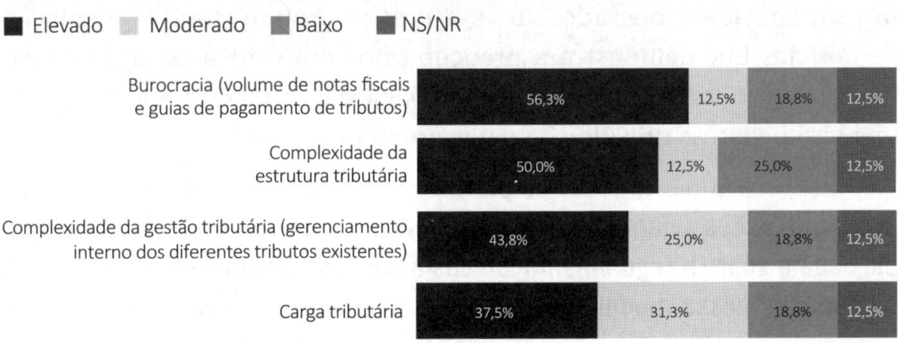


Fonte: Elaboração CNT.

A terceirização do transporte por meio de plataformas colaborativas (*crowdshipping*) é uma tendência que está ganhando força como uma solução para dar agilidade, superar as oscilações de demanda e escalar operações de entrega, principalmente na última milha, conforme destacado anteriormente. Existe, contudo, uma grande polêmica em relação ao tema e questões ainda não pacificadas. Primeiramente, é importante destacar, em um contexto mais amplo, que a *gig economy*[5] introduz um novo modelo de relação trabalhista, marcado pela flexibilidade, trabalhos sob demanda e remuneração por serviços. Há uma **preocupação em relação às condições a que essa força de trabalho está submetida**, principalmente para aqueles entregadores que usam as plataformas como ocupação primária e única fonte de renda, situação frequente em um atual cenário de desemprego e fraca atividade econômica. Como são considerados trabalhadores autônomos, não lhes são assegurados direitos trabalhistas e proteções sociais.

A discussão sobre a precarização das relações de trabalho e a inexistência de uma legislação específica que respalde esse novo regime de trabalho fazem com que o assunto seja alvo frequente de discussões judiciais acerca do reconhecimento ou não de vínculo empregatício entre entregadores e aplicativos. O tema também é objeto de projetos legislativos em diferentes esferas. Tudo isso leva a um clima de **insegurança jurídica** para o setor.

Além das preocupações legais e regulatórias, existe certo nível de desconfiança da opinião pública quanto à responsabilidade social das organizações que adotam essa prática. É frequente a veiculação de notícias que demonstram preocupação com o bem-estar de trabalhadores. No longo prazo, a desaprovação do público pode gerar um impacto negativo no valor de determinada marca.

Especificamente sobre as plataformas de *crowdshipping*, é importante que **ações sejam tomadas no sentido de fomentar e aprofundar o amplo debate sobre a regulamentação dos aspectos que envolvem a prestação de serviços nessa modalidade**, visando assegurar equidade na concorrência com as demais empresas de transporte, condições mínimas para os prestadores de serviço e alternativas para mitigar as externalidades negativas causadas pela atividade (custos com acidentes, impactos no sistema viário etc.). Evidentemente, é importante que o debate não perca de vista a manutenção das condições para a continuidade desse tipo de negócio, porém, que também propicie igualdade de condições aos diferentes operadores do segmento.

A ausência da regulamentação de práticas emergentes, a exemplo do *crowdshipping*, foi apontada como crítica por 50% dos entrevistados. Nos capítulos anteriores, alguns dos desafios a serem superados pelo transporte no e-commerce foram discutidos, bem como foram indicadas alternativas que podem ser adotadas para superá-los, a exemplo do transporte com veículos autônomos e as entregas realizadas com robôs e drones. À medida que o comércio eletrônico continua a crescer, a tendência é que o cenário se mantenha propício à inovação e ao surgimento de novos serviços e tecnologias voltadas para o transporte de encomendas. Diante desse quadro de disrupção e volatilidade, é fundamental que o Estado, na figura de seus diferentes agentes reguladores, **esteja preparado para regular e fiscalizar as mudanças que estão por vir**, garantindo, simultaneamente, condições mínimas para o adequado funcionamento dos mercados e o estímulo à indústria para experimentar novas tecnologias, protótipos, processos e modelos de negócio.

Nessa conjuntura, a **criação de *sandboxes* regulatórios** nos setores com os quais o transporte de encomendas tem interface é uma alternativa interessante para conciliar ambos os propósitos. O termo, originário da língua inglesa, pode ser traduzido livremente como "caixa de areia" e é uma analogia ao local onde crianças brincam e experimentam, em um ambiente controlado e supervisionado. A iniciativa tem por objetivo criar condições adequadas para que empresas autorizadas — *startups* em sua maioria — possam testar produtos e serviços, permitindo o monitoramento dos resultados e a coleta de evidências necessárias para subsidiar ações regulatórias, além de ampliar a competição nos mercados e facilitar a entrada de novas empresas. Diversos países já adotam *sandboxes* em setores com forte regulação, como financeiro, telecomunicações, energia e transportes. No Brasil, algumas ações já são adotadas pelo Banco Central e pela Comissão de Valores Mobiliários (CVM).

**Convém também registrar as dificuldades existentes para medir e monitorar o mercado de e-commerce**, configurando-se um desafio para a proposição de políticas públicas específicas, a exemplo de modelos de tributação e políticas de fomento e desenvolvimento do comércio eletrônico no país. Atualmente, inexiste uma fonte oficial de dados sobre o setor. Por isso, frequentemente, há de se recorrer a informações divulgadas por empresas ligadas à área de inteligência de mercado, avaliação da opinião de consumidores, dentre outras, com amplo acesso a informações transicionais. No entanto, os dados disponíveis são obtidos por meio de bases e metodologias distintas, o que, em certa medida, pode gerar distorções em relação à real situação do segmento. Além das adversidades criadas para os agentes públicos, o problema reverbera também nos empresários, gestores e analistas de mercado, que enfrentam dificuldades na definição de estratégias, gestão e avaliação de negócios.

A título de exemplo do quadro relatado, o Brasil não dispõe de uma categoria específica para o e-commerce no âmbito da Classificação Nacional das Atividades Econômicas (CNAE). No setor varejista, adota-se como critério de classificação o tipo de mercadoria comercializada, independentemente do canal utilizado. Cria-se, assim, uma lacuna de dados fiscais que impossibilita a diferenciação do varejo via comércio eletrônico dos demais canais, o que se torna um obstáculo para o desenho de políticas públicas de financiamento, fomento e de regulação específicas para a atividade.

A defasagem entre as fontes oficiais de dados e o processo de transformação digital da atividade econômica é verificada em outras situações, por exemplo, na relação entre a evolução da força de trabalho e o transporte por aplicativos. A Pesquisa Nacional por Amostra de Domicílios (PNAD) Contínua é o instrumento utilizado pelo Instituto Brasileiro de Geografia e Estatística (IBGE) para o acompanhamento do mercado de trabalho. Criada em 2012 — previamente ao início da operação dos aplicativos de transporte no Brasil, ocorrida somente em 2014 —, a pesquisa não foi delineada para quantificar o número de pessoas que exerce seu trabalho por meio de aplicativos, a exemplo dos motoristas do transporte de passageiros e dos entregadores de mercadorias. Isso cria obstáculos para quantificar o número de trabalhadores do transporte que atuam na *gig economy*, que recorrem às plataformas como ocupação principal, entre outras questões de interesse.

Em linhas gerais, fica evidente a necessidade de esforços, por parte dos órgãos gestores e reguladores que têm interface com o e-commerce com vistas a **aprimorar — ou implantar — métodos de coleta, consolidação, organização e disponibilização dos dados alinhados à realidade do setor e às mudanças observadas ao longo dos anos.**

## Segurança Pública

As **entregas em área de risco**, na avaliação das empresas pesquisadas, é o entrave mais crítico para o transporte no e-commerce, percebido como tal por 92,9%. Essa questão acaba por impor dificuldades operacionais às transportadoras, mas também inibe o potencial de desenvolvimento e a satisfação dos clientes que moram nessas localidades.

Cabe registrar que, no Brasil, uma parcela significativa da população vive em áreas de risco. Entretanto, por questões de segurança, as grandes transportadoras acabam restringindo a abrangência de suas operações em determinadas áreas, excluindo CEPs de regiões com altos índices de sinistralidade. Uma alternativa para contornar o problema, que já vem sendo utilizada, mas ainda em um estágio inicial, é **o redirecionamento de entregas para locais alternativos**, como pontos de retirada, lojas físicas e armários inteligentes, em zonas de maior segurança. Outra solução visa à **contratação de serviços locais especializados de entregas nessas regiões.**

A grande maioria dos transportadores consultados percebe o **roubo de cargas** como outro gargalo bastante crítico para o transporte no e-commerce. O item é avaliado como crítico por 85,7% dos entrevistados, sendo 64,3% como "muito grave" (maior avaliação nesse quesito, juntamente às entregas em áreas de risco). De fato, esse é um problema enfrentado no transporte rodoviário de cargas em geral, que há anos afeta a competitividade e aumenta os custos do setor, sem contar a exposição de seus colaboradores a riscos. De 2015 a 2020, o Brasil registrou 124.494 ocorrências de roubos de cargas e um prejuízo estimado de R$ 8,2 bilhões.[6]

No biênio 2019–2020, registraram-se uma queda de 23% no número de roubos de carga e uma redução de 10,7% em prejuízos. Mesmo assim, a situação ainda é crítica. Em 2020 o roubo de cargas foi responsável por um prejuízo de R$ 1,3 bilhão e 14.159 ocorrências registradas[7] (vide Gráfico 44 para a série histórica). A maioria se concentrou na região Sudeste (81,3%), reconhecida pela maior atividade econômica e, consequentemente, circulação de cargas, inclusive aquelas de maior valor agregado. Os estados do Rio de Janeiro (35,2%) e São Paulo (41,8%) concentram o maior número de sinistros. Entre os produtos mais visados, estão os gêneros alimentícios, eletroeletrônicos, artigos farmacêuticos e têxteis e confecções, produtos de grande saída no e-commerce.

**Gráfico 44**: Evolução anual dos prejuízos com roubos de carga no Brasil

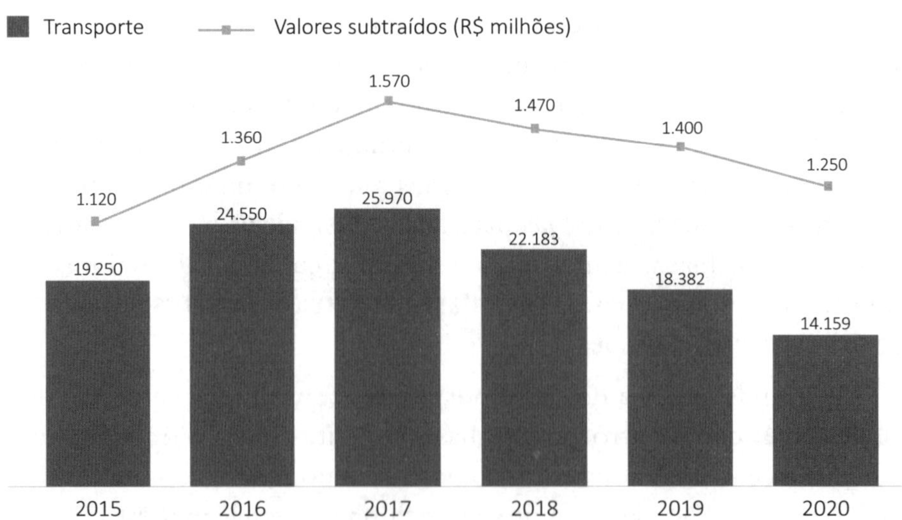


Fonte: Elaboração CNT, com dados da NTC&Logística (2020)

Em último nível, os prejuízos dos roubos chegam ao consumidor final, uma vez que o valor do frete considera os gastos dos transportadores com sistema de rastreamento de frota e prevenção a roubos, apólices de seguros, dentre outros.

O atual cenário requer ações coordenadas entre governos, em suas diferentes esferas e horizontes de aplicação. Somente dessa forma se garantirá um melhor cenário para as operações de transportes. É imperioso que se desenvolvam **políticas públicas eficazes de combate ao roubo de cargas e violência no transporte. Aumentar a punição contra aqueles que cometem o crime de receptação de mercadorias** é uma outra frente de ação. Nesse sentido, é importante a aprovação do PL nº 6.260/2019, que propõe o aumento da pena para a infração de receptação qualificada, multa e cancelamento do Cadastro Nacional de Pessoa Jurídica (CNPJ) e a paralisação das empresas utilizadas para comercialização de bens oriundos de atividades criminosas.

O **investimento em boas práticas de gerenciamento de risco e em tecnologia por parte dos transportadores** configura uma alternativa para reduzir a probabilidade de ocorrência e os impactos dos roubos de cargas. Essas ações devem ser orientadas no sentido de fornecer uma melhor resposta quanto à capacidade de planejamento e gestão de risco, à contratação de seguros de carga, à utilização de sistemas de monitoramento e torres de controle para acompanhamento da cadeia em tempo real, à comunicação integrada entre os atores, à roteirização e ao treinamento dos motoristas. Contudo, geram custos adicionais.

## Infraestrutura

A eficiência logística desempenha um papel de grande importância para satisfizer as expectativas dos clientes e garantir a expansão dos negócios no meio digital. Porém, melhorar a oferta e a competitividade dos serviços de entrega não depende unicamente dos investimentos privados, por exemplo, em centros de *fulfillment*, na expansão da rede de centros de distribuição e na adoção de novas tecnologias.

Invariavelmente, os ganhos de eficiência dependem também da infraestrutura de transportes de que o país dispõe. Sobre esse aspecto, o Brasil apresenta graves deficiências. Os efeitos adversos da sua precária infraestrutura logística, aliados aos baixos níveis de investimento, são percebidos nos diversos setores produtivos, em maior ou menor grau, e não é diferente no e-commerce.

Para 85,7% dos entrevistados, a **má qualidade das rodovias brasileiras** é um entrave de elevada criticidade. É uma questão bastante sensível, sobretudo, quando 87,5% das transportadoras que participaram da sondagem utilizam o modal. Na última Pesquisa CNT de Rodovias, a avaliação do Estado Geral revelou que 61,8% dos trechos pesquisados apresentavam algum tipo de problema quanto ao pavimento, à sinalização e/ou à geometria e foram avaliadas como "Regular", "Ruim" ou "Péssimo" (Gráfico 45).

**Gráfico 45**: Classificação do estado geral das rodovias brasileiras

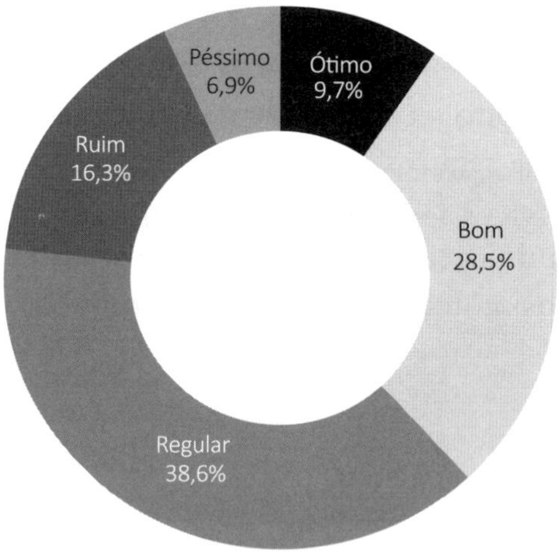


Fonte: Elaboração CNT, adaptado de CNT (2021).

Os problemas observados quanto à qualidade das rodovias refletem diretamente no custo operacional. Trafegar em rodovias com o pavimento em más condições resulta no aumento do consumo de combustível, desgaste do veículo e consequentes gastos adicionais com manutenção, além do acréscimo no tempo de viagem e custos com acidentes. Estima-se que o custo de transporte no Brasil é, em média, 30,9% superior somente em função dos problemas com pavimento.[8]

Questões ligadas à infraestrutura aeroportuária e ao mercado de aviação também impactam a logística de entregas do e-commerce. Entre os transportadores que utilizam o modal, 66,7% avaliam como crítica **a baixa conectividade da malha aérea nacional** e as **elevadas tarifas praticadas.** Destaca-se que este último aspecto é avaliado como "muito grave" por 55,6%.

O frete aéreo, segundo a avaliação dos respondentes, ainda é muito caro e, por esse motivo, não é amplamente utilizado pelo e-commerce. Portanto, devem ser **tomadas medidas para estimular o maior uso do modal**, assim como aumentar a conectividade da malha aérea. A eficiência dos serviços também é apontada como outro fator crítico, principalmente em razão de problemas com a infraestrutura aeroportuária e a **demora para a liberação das cargas.** Este último é avaliado como crítico por 66,7%.

O caminho para corrigir os gargalos na infraestrutura de transporte brasileira passa obrigatoriamente **pela viabilização de investimentos no desenvolvimento e na adequação da infraestrutura existente.** Nesse sentido, é importante que se mantenha a agenda de estímulos à participação privada no provimento de infraestrutura no Brasil, com a manutenção, ampliação e melhoria contínua dos programas de concessão, particularmente nos modais rodoviário e aéreo. O aprimoramento dos programas de concessão é uma medida para incentivar a estruturação de contratos mais eficientes e adequados à realidade do país. Nesse sentido, o elevado valor do pedágio nas rodovias foi apontado como crítico por 78,6% dos transportadores pesquisados. A implementação do *free flow*,[9] estabelecido pela Lei nº 14.157/2021, é outra medida que, no longo prazo, tem o potencial de reduzir o valor das tarifas. O ônus que recai sobre os usuários de longa distância, caso do transportador, poderá ser reduzido, uma vez que se ampliará a base de pagantes.

Quando se fala em investimento em infraestrutura, cabe ressaltar que não se pode delegar essa responsabilidade unicamente à iniciativa privada. Reconhecidamente essa é uma importante alternativa para a viabilização dos investimentos, sobretudo considerando as dificuldades fiscais vivenciadas pelo Estado brasileiro. Todavia, existe uma limitação quanto à atração do capital privado para projetos de infraestrutura. É premente, portanto, que sejam realizados, por parte da administração pública, esforços com vistas ao **melhor direcionamento de recursos e execução dos investimentos para a parcela da infraestrutura sob a sua gestão**, que potencialmente não é atrativa ao investidor privado.

**É importante também que se direcionem os investimentos em infraestrutura como indutores de investimentos privados.** A pulverização geográfica dos centros de *fulfillment* é uma estratégia utilizada para atender clientes cada vez mais rápido. Empresas de e-commerce que atuam em outros países de dimensões continentais, como Estados Unidos e China, têm adotado com êxito essa prática. No Brasil, no entanto, ainda há uma **concentração das instalações logísticas na região Sudeste**, embora cada vez mais empresas tenham iniciado operações em outras regiões. Inclusive já se verifica a escassez na oferta de ativos nas regiões Norte e Nordeste. Para viabilizar e acelerar o avanço das fronteiras logísticas, é importante **oferecer melhores condições de infraestrutura nas novas regiões.**

Cenário semelhante ocorre nos grandes centros no tocante à infraestrutura urbana. Ao longo das últimas décadas, os baixos níveis de investimento em infraestrutura de transporte urbano — juntamente à ineficiência de políticas públicas e de planejamento territorial — não foram capazes de acompanhar a expansão das grandes cidades e o aumento da frota de veículos, gerando **precarização e déficit de infraestrutura** (avaliados como crítica por 85,7% dos entrevistados). Para superar as deficiências e melhorar a mobilidade nas cidades, é importante que sejam viabilizados os **investimentos necessários para a adequação, a ampliação e a integração da infraestrutura urbana** em seus diversos modais, especialmente em projetos relacionados com o sistema viário.

## Aspectos Operacionais

Visando à melhoria na eficiência das operações logísticas no e-commerce, faz-se adequado o aproveitamento de oportunidades de mercado relacionadas ao planejamento e operação, principalmente em relação ao estímulo à inovação e ao desenvolvimento tecnológico, diretamente aplicados ao transporte ou relacionadas ao comércio eletrônico, com impactos diretos nessa primeira atividade.

A **burocracia dos processos logísticos** não se origina exclusivamente das obrigações acessórias, tais como a emissão de CT-es. Diversos procedimentos operacionais no setor também incorrem em processos ineficientes com forte uso de documentos impressos. Nesse sentido, faz-se importante a adoção de melhores práticas, tais como a **digitalização de processos**, com o uso de assinaturas digitais e a eliminação da necessidade de vias físicas, com objetivo de tornar os processos mais eficientes e reduzir a emissão de determinados tipos de registro.

Ao longo do trabalho, discutiu-se exaustivamente os desafios impostos pelo transporte e a necessidade de se **equilibrar os custos da operação com o nível de serviço exigido**. Apenas para explicitar alguns desses entraves, abordados pela sondagem, e a sua respectiva criticidade, tem-se: viagens de retorno vazias (78,6%); frota e infraestrutura ociosa (78,6%); imprevisibilidade da demanda por transporte (64,3%); e ociosidade nos veículos (64,3%).

Diante desse quadro, **o uso de novas tecnologias é um importante aliado para superar esses obstáculos**. Aqui, citam-se como exemplos, sem a pretensão de esgotar o assunto, algumas das possibilidades de melhoria criadas pelo uso das tecnologias, como a roteirização dinâmica, o rastreamento em tempo real, a inteligência artificial, a análise de *big data* e o compartilhamento de recursos. Ainda há um extenso campo para melhorias com as tecnologias vindouras, que podem ser exploradas pelo setor.

A **utilização de Pudos**, que, conforme já explicitado anteriormente, são locais para a coleta e despacho de encomendas, é uma alternativa para melhorar a eficiência da entrega na última milha. Apesar de ser uma medida adotada pelo varejo para atender parte das demandas dentro do conceito de omnicanalidade, trata-se de uma opção extremamente eficiente para reduzir **custos com reentregas**, apontadas como um entrave crítico por 64,3% dos entrevistados. A medida também otimiza a logística reversa, que é outro gargalo do setor.

A última milha é também a fronteira final da experiência do cliente, quando, de fato, este terá o primeiro contato com o bem adquirido. Nesse sentido, **os prazos exíguos para entrega** e consequentes atrasos (crítico para 57,1%) **e problemas com a integridade do produto** (críticos para 50% dos usuários do modal rodoviário e para 77,8% do modal aéreo) podem gerar uma experiência de compra negativa e comprometer o relacionamento e a fidelização do cliente com a marca. Assim, são necessárias ações voltadas para a **adequada estruturação de processos e treinamento dos entregadores.** É essencial também que haja uma boa comunicação entre consumidor e entregador, com o fornecimento de código de rastreio, atualizações constantes (se possível em tempo real) e a possibilidade de acompanhamento da mercadoria.

Este capítulo evidenciou a existência de algumas das principias dificuldades que envolvem o transporte no e-commerce e apontou alguns caminhos para solucioná-las. O Quadro 10 sintetiza as principais ideias discutidas.

**Quadro 10**: Principais entraves e diretrizes para o desenvolvimento do setor

| Categoria | Entrave | Solução |
|---|---|---|
| Transporte em meio urbano | Elevados índices de congestionamento, déficits de estacionamento e locais de carga e descarga | Efetivação da Política Nacional de Mobilidade Urbana (PNMU), especificamente no que tange às ações voltadas para a melhoria da logística urbana. |
| | | Formulação de políticas de mobilidade urbana com a devida avaliação sobre os potenciais impactos que o aumento na demanda de viagens, estimulado pelo crescimento do e-commerce, possam causar no sistema viário. |

▷

(Continuação)

| Categoria | Entrave | Solução |
|---|---|---|
| Transporte em meio urbano | Medidas de restrição do tráfego e circulação em meios urbanos | Adoção de medidas para a mitigação dos efeitos das restrições no transporte de carga, como a compatibilização dos horários e de veículos permitidos em municípios vizinhos, a ampla divulgação das regras vigentes sobre as restrições e a implantação de locais de parada e descanso. |
| Aspectos legais e regulatórios | Burocracia nos processos relacionados com obrigações acessórias | Substituição da obrigatoriedade de impressão do Dacte, DAMDFE e Danfe pelas respectivas versões digitais dos documentos fiscais auxiliares na forma de códigos QR. |
| | Exposição de informações sensíveis no DANFE (valor total da nota e dados pessoais dos consumidores) afixados na parte externa das encomendas | Digitalização das informações sensíveis e acesso por código QR. |
| | Falta de padronização na fiscalização entre entes federativos e elevado grau de integração demandado para implantação da transformação digital a nível nacional | Ações coordenadas para a implantação de processos e documentos digitais para a fiscalização e garantia da capacidade e recursos necessários para compatibilizar processos de fiscalização entre os estados. |
| | Falta de compatibilidade entre a legislação e práticas de omnicanalidade vigentes | Apoio ao Projeto de Lei (PL) nº 148/2019, que prevê a harmonização das normas tributárias com as práticas de omnicanalidade, propondo o regramento da incidência de ICMS, regulamentação da retirada de mercadoria em Pudos e da logística reversa. |
| | Complexidade do sistema tributário brasileiro | Realização de reforma tributária abrangente que traga simplicidade, justiça e neutralidade ao sistema e, sobretudo, que não eleve a carga tributária. |

▷

(Continuação)

| Categoria | Entrave | Solução |
|---|---|---|
| Aspectos legais e regulatórios | Insegurança jurídica quanto às relações trabalhistas e a prestação de serviços de *crowdshipping* | Ações de fomento ao debate sobre a regulamentação dos aspectos que envolvem a prestação de serviços na modalidade de *crowdshipping*, visando assegurar condições mínimas para os prestadores de serviço, equidade na concorrência com as demais empresas de transporte e alternativas para mitigar as externalidades negativas. |
| | Ausência da regulamentação e estímulo à inovação no setor | Criação de *sandboxes* regulatórios para o experimento de serviços e tecnologias em um ambiente controlado e de baixo risco. |
| | Dificuldades para medir e monitorar os mercados | Medidas para a aprimorar — ou implantar — métodos de coleta, consolidação, organização e disponibilização dos dados sobre o setor. |
| Segurança pública | Entregas em área de riscos | Incentivo ao redirecionamento de entregas para locais alternativos, como Pudos e armários. |
| | | Parcerias com serviços especializados de entregas em áreas de risco. |
| | Roubo de cargas | Apoio ao desenvolvimento de políticas públicas de combate ao roubo de cargas. |
| | | Suporte ao PL nº 6.260/2019, que propõe o aumento no rigor da lei contra crimes de receptação qualificada. |
| | | Incentivo à adoção de boas práticas de gerenciamento de risco e em tecnologia por parte dos transportadores. |
| | | Criação de uma base unificada nacional com estatísticas relacionadas à segurança no transporte de cargas. |

▷

(Continuação)

| Categoria | Entrave | Solução |
|---|---|---|
| Infraestrutura | Baixa qualidade das rodovias brasileiras | Viabilização de investimentos na ampliação da oferta e adequação da infraestrutura existente. |
| | Problemas com a infraestrutura dos terminais de carga aérea | Incentivo à participação privada no provimento de infraestrutura no Brasil. Estímulo ao direcionamento do orçamento público e à efetivação dos investimentos para a parcela da infraestrutura sob gestão estatal. |
| | Elevado valor da tarifa de pedágio | Aprimoramento dos programas de concessão, com a estruturação de contratos mais eficientes e adequados à realidade do país. Implantação do sistema de cobrança de pedágios *free flow*. |
| | Baixa conectividade da malha e elevadas tarifas praticadas no modal aéreo | Adoção de medidas de estímulo à competitividade do setor. |
| | Distribuição desigual e dificuldades em diversificar a atividade logística no país | Ações para fomentar o investimento em infraestrutura de transportes de qualidade em outras regiões do Brasil para induzir a expansão das fronteiras logísticas. |
| | Déficit e precarização de infraestrutura urbana | Viabilização dos investimentos necessários para a adequação, ampliação e integração da infraestrutura urbana em seus diversos modais, sobretudo em projetos relacionados ao sistema viário. |
| Aspectos operacionais | Burocracia nos processos logísticos internos | Adoção de melhores práticas, tais como a digitalização de processos e o uso de assinaturas digitais. |
| | Equilíbrio entre nível de serviço e custos operacionais (capacidade ociosa nos veículos, infraestrutura e frota ociosa, imprevisibilidade de demanda) | Incentivo ao uso de novas tecnologias, como a roteirização dinâmica, o rastreamento em tempo real, a inteligência artificial e a análise de *big data*. |
| | Custos com reentregas e logística reversa | Utilização e incentivo ao uso de Pudos para entregas e devoluções |

▷

(Continuação)

| Categoria | Entrave | Solução |
|---|---|---|
| Aspectos operacionais | Prazos exíguos de entregas e problemas com a integridade do produto | Adoção de medidas para a adequada estruturação de processos e treinamento dos entregadores.<br>Melhora no processo de comunicação com o consumidor, por exemplo, via código de rastreio, atualizações constantes (se possível em tempo real) e a possibilidade de acompanhamento da mercadoria. |

Fonte: Elaboração CNT.

# Considerações finais

A aceleração da transformação digital e a velocidade com que novas tecnologias têm sido lançadas e disponibilizadas estão mudando sobremaneira o cotidiano da sociedade, nas esferas pessoal e profissional. O comércio eletrônico, ou e-commerce, é uma dessas mudanças. A perspectiva é que o canal continue a aumentar a sua participação no total de vendas no varejo brasileiro, que hoje é de pouco mais de 10%. Pesa favoravelmente sob esse argumento o fato do Brasil ser a maior economia e o país mais populoso da América Latina e apenas 28,9% da sua população utilizar a internet para compras.[1]

O aquecimento do comércio eletrônico, por sua vez, aumentou a demanda por serviços logísticos. Além de ser uma atividade essencial para a viabilização de vendas, a logística no e-commerce passou a ser encarada pelas empresas como um diferencial competitivo na estratégia de satisfazer e fidelizar os clientes. Como apontam diversas pesquisas sobre o setor, agilidade, confiabilidade no cumprimento dos prazos, transparência e sortimento são características desejadas pelos consumidores.

Apesar da sua relevância, o transporte no e-commerce é ainda um assunto pouco explorado em estudos técnicos e não dispõe de dados consolidados e abrangentes. É neste contexto que se inseriu este livro, cujo objetivo foi caracterizar a atividade, conceituando e apresentando as especificidades de cada uma das etapas que a compõem: primeira milha, milha do meio, última milha e logística reversa. Com essa finalidade, foi realizada uma sondagem com as empresas de maior representatividade no setor. Foram abordadas, entre outras temáticas, a caracterização geral dos transportadores, a relevância do comércio eletrônico em suas operações, as características operacionais e as perspectivas sobre o mercado.

Conforme discutido no decorrer desta obra, o crescimento do comércio eletrônico veio acompanhado por maiores pressões quanto à eficiência das cadeias logísticas. Importa destacar que, ao mesmo tempo, o consumidor exige níveis de serviço maiores e está menos disposto, via de regra, a pagar maiores valores pelo frete. Este último fator é apontado como o principal motivo pela desistência de compras no meio eletrônico. Para atender a essa demanda, as empresas que realizam o transporte têm investido intensivamente em tecnologias da informação e comunicação para diminuir ainda mais os custos e o tempo de entrega nesse promissor mercado.

Conforme apontam os dados da sondagem, cerca de 94% dos entrevistados esperam que o número de encomendas do comércio eletrônico supere o do ano anterior, e 75% pretendem investir em inovação tecnológica para melhorar a sua capacidade de atendimento e a sua eficiência operacional. Nesse sentido, este livro procurou estabelecer um panorama acerca das principais tecnologias já utilizadas pelas transportadoras. Entre elas, destaca-se a sua utilização para a comprovação eletrônica das entregas, o gerenciamento de transporte, a prevenção a roubos e furtos e o *tracking* para o consumidor. A sondagem avaliou também a perspectiva quanto às inovações para os próximos cinco anos. Sob essa ótica, os transportadores enxergam o uso da 5ª geração de internet móvel (5G), a Identificação por Radiofrequência (RFID) e a *blockchain*, entre outros, com o potencial de beneficiar as suas operações.

Além da questão tecnológica, a sondagem avaliou as tendências para o segmento. Especial atenção tem sido dada àquelas que envolvem o omnicanal. Nesse conceito de experiência a qualquer lugar e a qualquer hora, há transportadoras já adaptadas a realizar entregas em locais alternativos (Pudos e armários inteligentes) e prazos cada vez mais curtos, como aquelas realizadas no mesmo dia ou dentro de horas. No médio prazo, os transportadores vislumbram a intensificação das suas operações na última milha por entregas realizadas a partir de lojas ocultas (*dark stores*), o compartilhamento de ativos e serviços e a eletrificação da frota. Este último assunto está relacionado com as práticas de sustentabilidade.

Além da caracterização do segmento de e-commerce, o trabalho investigou os principais gargalos e procurou identificar diretrizes para promover a sua melhoria contínua. Nota-se que os entraves avaliados com maior grau de criticidade são transversais ao transporte de carga em geral. Os principais desafios voltam-se para assuntos relacionados com as entregas em áreas de risco e o roubo de cargas, as dificuldades do tráfego em meios urbanos, os problemas com a infraestrutura e a elevada burocracia. De modo geral, as soluções passam por melhorias no desenvolvimento e aperfeiçoamento de políticas públicas em diferentes setores, o aprimoramento legal e regulatório, a digitalização e a integração de sistemas tecnológicos com novos modelos operacionais.

Com isso, este estudo buscou constituir-se como uma fonte de informações pioneira sobre o transporte no e-commerce, possibilitando uma melhor compreensão do seu funcionamento e dinâmica. Pretende-se, dessa maneira, subsidiar o desenvolvimento de ações e políticas voltadas para estimular o aumento do desempenho logístico, bem como incentivar as empresas de transporte a investirem e ampliarem sua participação nesse segmento de mercado.

# Notas

## INTRODUÇÃO

1 Tecnologia de transmissão de dados pela internet sem a necessidade de baixar o conteúdo, que é acessado online. É um formato bastante utilizado para transmissão de áudios e vídeos.

2 Acrônimo para o termo *business-to-consumer* (B2C), no qual as transações ocorrem entre empresa e consumidor final.

3 No e-commerce B2B (*business-to-business*), modalidade de transações que ocorre entre empresas, pode-se dizer que a característica do transporte pouco se alterou, pois ainda existe a predominância por pedidos de maior volume, valores elevados de carga e prazos mais extensos, em oposição ao fracionamento gerado pelo B2C. Sob essa perspectiva, constata-se que as transformações em relação ao transporte no e-commerce B2B foram menos profundas, caracterizadas principalmente pela mudança na plataforma em que os pedidos são realizados e processados.

4 Conceito associado ao relacionamento do consumidor com a marca e com os meios em que a interação entre eles ocorre. A omnicanalidade consiste na coordenação entre os diversos canais de comunicação da marca com o cliente, para que todos sejam totalmente integrados e a experiência oferecida ao consumidor seja a mesma, qualquer que seja o canal.

## CAPÍTULO 1

1 "Transferência eletrônica de dados", em português.

2 Tradução para o termo em inglês *procurement*. Registra-se que a definição do termo pode variar amplamente entre as organizações, considerando funções diversas ligadas à aquisição de produtos ou serviços. Podem ser consideradas atividades relacionadas com o planejamento de aquisições, compras, controle de estoque, recebimento, inspeção de recebimento e descarte.

3 *Wiki* é um site na web para o trabalho coletivo de um grupo de autores. A sua estrutura se assemelha a um blog de edição coletiva. Qualquer um pode juntar, editar e apagar conteúdos, ainda que esses tenham sido criados por outros autores.

4 Dados da McKinsey (2021b).

5 *United Nations Conference on Trade and Development* (Conferência das Nações Unidas sobre Comércio e Desenvolvimento).

6 Convém destacar que a Organização das Nações Unidas reconhece, para fins de geração de estatísticas, a América Latina e Caribe como uma sub-região do continente americano. Esta, por sua vez, subdivide-se em Caribe, América Central e América do Sul.

7 UNCTAD (2020).

8 "Índice de Desempenho Logístico", em tradução livre a partir do inglês.

9 "Facilidade de Fazer Negócios", em tradução livre a partir do inglês.

10 *The World Bank* (2020).

11 ABCOMM (2022).

12 O ticket médio representa o valor médio do conjunto de compras realizadas em uma atividade comercial (empresa, setor etc.) em determinado período.

13 ABCOMM (2022).

14 Ebit | Nielsen (2020).

[15] Refere-se ao comércio eletrônico transnacional (tradução livre de *cross-border*), quando os consumidores compram online produtos em outros países.

[16] Retailx (2020).

[17] Assim categorizada pela Organização Mundial da Saúde (OMS) em 11 de março de 2020 (OPAS, 2021).

[18] *United Nations* (2021).

[19] SBVC (2021).

## CAPÍTULO 2

[1] Definição dada pelo *Council of Supply Chain Management Professionals* (CSCMP).

[2] Também conhecido pelo termo em inglês *picking*, que abrange as atividades de separação dos itens associados a um pedido nos seus locais de armazenamento, a fim de disponibilizá-los para serem incluídos nos processos de produção ou para os clientes.

[3] *First mile* em inglês.

[4] O termo pode assumir significados distintos, dependendo do tipo de indústria e da cadeia de suprimentos. Por exemplo, a primeira milha na cadeia de distribuição industrial consiste no transporte dos itens acabados ou semiacabados da unidade de produção até um centro de distribuição ou armazém. No e-commerce, a primeira milha também é utilizada para designar a coleta dos produtos nas dependências do lojista em direção às instalações do responsável pelo transporte.

[5] "Preenchimento", em uma tradução livre.

[6] Também conhecido pelo termo em inglês *packing*. Consiste nas atividades relacionadas com a embalagem de um pedido para transporte, colocando mercadorias em locais designados e etiquetando (marcando) o pedido com as informações de destinação de encomenda e outras.

[7] *Processing/sorting* em inglês.

8 Em determinadas cadeias, o transporte da milha do meio pode ser suprimido, ficando a primeira milha responsável pelo transporte até o estabelecimento varejista ou centro de distribuição, e a última milha, pela entrega diretamente ao cliente final.

9 *Line Haul* em inglês.

10 *Last Mile* em inglês.

11 "Coleta e entrega", em tradução livre do inglês.

12 "Clique e colete", em tradução livre do inglês.

13 "Ponto de retirada", em uma tradução livre do inglês.

14 Correios (2021).

15 Ebit | Nielsen (2021) *apud* E-commerce Brasil (2021).

16 Não há na literatura sobre logística um entendimento unânime quanto à abrangência do termo "prestador de serviço logístico". Alguns autores são mais rigorosos e entendem que um PSL deve prestar um amplo espectro de atividades logísticas de forma integrada, tendo capacidades operacionais e de gestão, mediante contratos de longa duração. Há, no entanto, os que argumentam no sentido contrário. Segundo eles, qualquer empresa que tenha capacidades operacionais e de gestão e que preste alguma atividade logística por meio de subcontratação é um prestador de serviço logístico. Esta última abordagem é a considerada neste livro.

17 Em operação no Brasil, existem 275 empresas enquadradas nessa classificação, oferecendo um amplo portfólio de serviços logísticos, como recebimento, carga, descarga, expedição, armazenagem geral, *cross-docking*, distribuição física, gestão de estoques (inventário), separação e embalagem. Essas empresas são responsáveis por uma receita anual superior a R$ 100 bilhões e pela geração de mais de 1,5 milhão de empregos diretos e indiretos. Os OL atuam nos mais diversos segmentos de mercado, da indústria de óleo e gás à indústria de alimentos. Cerca de um quinto dos OL atuam no e-commerce. ABOL (2020b).

18 Indicador que mede o percentual de metros quadrados disponíveis para locação.

[19] Colliers (2022).

[20] Dados ILOS para 2017. Até a data de publicação deste trabalho, esses eram os valores mais recentes.

[21] PAS 2018 e RAIS 2018.

[22] A pesquisa da ABCOMM (2019), utilizada como referência em algumas das análises apresentadas neste livro, contou com a participação de 467 lojas eletrônicas, de diferentes portes, entrevistadas em abril de 2019.

[23] Termo bastante aplicado no ramo das ciências econômicas para designar situações que envolvem conflitos de escolha. O conceito compara o resultado de determinada escolha em detrimento dos resultados de opções de que se abriu mão.

[24] *Opinion Box* (2019).

[25] *World Economic Forum* (2020).

[26] DPDgroup (2021).

[27] ABCOMM (2022).

[28] Ebit | Nielsen (2021).

[29] ABCOMM (2019).

[30] Accenture (2016).

[31] ABCOMM (2019).

[32] IATA (2020).

[33] Dados referentes a 2021 (ABCOM, 2022).

[34] Indicador expresso pelo quociente do total de volume de carga pelo total de entregas.

[35] *United Nations* (2018).

[36] Considerando as regiões metropolitanas da Área Metropolitana de Brasília (DF), Belém (PA), Belo Horizonte (MG), Campinas (SP), Curitiba (PR), Florianópolis (SC), Fortaleza (CE), Goiânia (GO) Grande São Luís (MA),

Grande Vitória (ES), Manaus (AM), Natal (RN), Porto Alegre (RS), Recife (PE), Rio de Janeiro (RJ), Salvador (BA) e São Paulo (SP). Observatório das Metrópoles (2019).

37 TomTom (2021).

38 A condição sem congestionamento é obtida por meio da análise do tráfego em fluxo livre de todos os veículos monitorados dentro dos limites da rede da cidade viária durante um ano inteiro. Os dados são obtidos dos mais de 600 milhões de motoristas que usam a tecnologia de navegação via GPS desenvolvida pela empresa TomTom.

39 Recomenda-se consulta ao trabalho *Logística Urbana — Restrições aos Caminhões?* para mais informações sobre restrições à circulação de veículos de carga em meios urbanos. O documento pode ser acessado pelo link: cnt.org.br/logistica-urbana-restricoes-caminhoes.

40 De acordo com a Secretaria Nacional de Trânsito (Senatran), caminhões são veículos automotores destinados ao transporte de carga, com carroceria e Peso Bruto Total superior a 3,5 t.

41 Decreto Municipal nº 56.920, de 8 de abril de 2016.

42 Portaria nº 137/18-SMT.GAB.

43 De acordo com a Lei nº 9.503, de 23 de setembro de 1997, que instituiu o Código de Trânsito Brasileiro (CTB), "compete aos órgãos e entidades executivos de trânsito dos Municípios, no âmbito de sua circunscrição, planejar, projetar, regulamentar e operar o trânsito de veículos, de pedestres e de animais e promover o desenvolvimento, temporário ou definitivo, da circulação [...] executar a fiscalização de trânsito [...]; autuar e aplicar as medidas administrativas cabíveis, por infrações de circulação, estacionamento e parada [...]; aplicar as penalidades de advertência por escrito e multa, por infrações de circulação, estacionamento e parada [...]", (art. 24, incisos II, VI e VII).

44 *World Economic Forum* (2020).

45 Lei nº 8.078, de 11 de setembro de 1990.

46 ABCOMM (2019).

[47] Logística Sem Papel (2021a).

[48] Logística Sem Papel (2021a).

[49] Instituído pelo Ajuste SINIEF nº 07, de 30 de setembro de 2005.

[50] Instituído pelo Ajuste SINIEF nº 09, de 25 de outubro de 2007.

[51] O CT-e, atualmente, substitui os seguintes documentos do transporte: Conhecimento de Transporte Rodoviário de Cargas; Conhecimento de Transporte Aquaviário de Cargas; Conhecimento Aéreo; Conhecimento de Transporte Ferroviário de Cargas; e Nota Fiscal de Serviço de Transporte Ferroviário de Cargas; Nota Fiscal de Serviço de Transporte, quando utilizada em transporte de cargas.

[52] No caso da prestação de serviços de transporte dentro de um mesmo município, o documento a ser emitido é a Nota Fiscal de Serviços (NFS).

[53] Instituído pelo Ajuste SINIEF nº 21, de 10 de dezembro de 2010.

[54] Alterado pelo Ajuste SINIEF nº 23, de 10 de outubro de 2019.

[55] No caso da carga fracionada, a responsabilidade pela emissão de DT-e único cabe ao transportador, cujo custo deve ser repassado aos embarcadores — conforme o art. 14 da Lei nº 14.206/2021.

## CAPÍTULO 3

[1] A sondagem se diferencia da pesquisa, sobretudo, devido ao rigor científico adotado em cada aplicação. A primeira se caracteriza pela autosseleção da amostra e livre delineamento amostral com a contribuição dos participantes que se encontram disponíveis e têm interesse no tema. Por sua vez, as pesquisas caracterizam-se pela seleção dos respondentes mediante controle do perfil, e são seguidos critérios científicos (com observância, entre outros, da representatividade da população).

[2] Estimativa realizada com dados da ABCOMM (2019).

[3] As diferenças entre a soma das parcelas e os respectivos totais são provenientes do critério de arredondamento.

4 Classificação para empresas no setor de comércio e serviços, no qual se enquadra o transporte, definida pelo Sebrae e Dieese (2013).

5 Tradução do termo em inglês "*earnings before interest, taxes, depreciation and amortization*".

## CAPÍTULO 4

1 Ver seção "Modelos de Negócio", Capítulo 1.

2 McKinsey (2021d).

3 "Direto para o consumidor", em uma tradução livre do inglês.

4 Categorias definidas no Registro Nacional de Transportadores Rodoviários de Cargas (RNTRC), instituído pela Lei nº 11.442/2007.

5 Sigla em inglês para designar as melhores práticas nas áreas *Environmental, Social and Corporate Governance* (ambiental, social e de governança corporativa).

6 PWC (2021).

7 DHL (2020).

8 Fedex (2040), DHL (2050) e UPS (2050).

9 26ª Conferência das Nações Unidas sobre Mudança Climática, realizada em novembro de 2021, em Glasgow. UK Presidency (2021).

10 *Vehicle-to-infrastructure communication* (comunicação entre veículo e infraestrutura).

11 O Plano e a Câmara foram instituídos pelo Decreto nº 9.854/2019.

12 Na Internet das Coisas, os dispositivos podem estar interconectados por diferentes tecnologias, a exemplo de redes 5G, RFID, wi-fi, *bluetooth* e redes físicas (fibra ótica).

13 Trata-se de dispositivo implantado por criminosos que emite um sinal em banda larga capaz de interromper a frequência do rastreador, impedindo o recebimento do sinal do veículo.

14 As redes de transporte formadas por redes troncais e alimentadoras são denominadas com o termo em inglês "*hub-and-spoke*" — "polo e raio" em tradução livre. Representam, assim, um sistema radial de distribuição de viagens.

15 "Megadados", em tradução livre a partir do inglês.

16 *Chatbots* são programas computacionais que permitem a conversação entre seres humanos e computadores. As conversas se dão frequentemente no formato de perguntas e respostas curtas. É uma aplicação bastante utilizada para o atendimento aos clientes. O termo, em inglês, é uma junção das palavras *chatter* (conversador) e *bot* (robô).

17 Anatel (2022).

18 Código QR é um código de barras, ou barrametrico, bidimensional, que pode ser facilmente escaneado usando a maioria dos telefones celulares equipados com câmera.

19 Dispositivo que combina um transmissor e um receptor em um mesmo aparelho.

20 Apenas um deles (etiqueta ou leitor) poderá ser do tipo passivo.

21 Os sistemas em questão significam *Enterprise Resource Planning* (Sistema de Gestão de Processos Organizacionais), *Supply Chain Management* (Gestão da Cadeia de Suprimentos) e *Customer Relationship Management* (Sistema de Gestão de Relacionamento com os Clientes).

22 Tais tecnologias, respectivamente, mantêm o veículo a uma velocidade previamente definida, mantêm-no na faixa de rolamento e freiam-no automaticamente caso se aproxime de outro veículo ou obstáculo à frente.

23 "Sociedade de Engenheiros Automotivos", em tradução livre a partir do inglês.

24 "Agência Nacional de Segurança Viária em Rodovias", em tradução livre a partir do inglês. Trata-se de agência do governo federal dos Estados Unidos, vinculada ao Departamento de Transporte.

[25] Na formação de pelotões, um caminhão conduzido por um motorista é seguido, a reduzida distância, por outros veículos de carga. Ao longo do trajeto comum, apenas o veículo à frente do pelotão é conduzido efetivamente por um motorista. Os demais, que podem contar ou não com a presença de motoristas nas respectivas cabines, apenas seguem o primeiro veículo de modo automatizado.

[26] Isso porque a tecnologia computacional requer que o sistema embarcado no veículo reconheça, de forma dinâmica, o ambiente à sua volta, considerados todos os seus elementos, como geometria da via, demais veículos, pedestres, ciclistas, animais e quaisquer obstáculos fixos e móveis.

[27] "Cadeia de blocos", em tradução livre a partir do inglês.

[28] A criptografia consiste em um método de proteção de dados, no qual estes são substituídos por um conjunto de valores — conhecidos apenas pelos seus criadores — ou segundo determinado algoritmo, de difícil decifragem.

[29] Ver seção "Documentação no Transporte", Capítulo 2.

[30] "Dispositivos de carga unitária", em tradução livre a partir do inglês. Trata-se de um tipo de contêiner utilizado no transporte de bagagens e cargas em aeronaves.

[31] Tradução livre a partir do termo em inglês "*swap body*". Trata-se de um tipo de contêiner com suportes retráteis.

[32] DHL (2020).

[33] O termo "*drone*" significa, em inglês, zangão. Acredita-se que seja uma referência a uma das primeiras aeronaves remotamente pilotadas, criada em 1935, no Reino Unido, denominada "Queen Bee" — "abelha-rainha" em português.

[34] Outra denominação para os drones é "Veículo Aéreo Não Tripulado" (VANT).

[35] No âmbito deste estudo, por simplificação, adotou-se que os drones com fins recreativos são também considerados aeronaves remotamente pilotadas. Em rigor, porém, de acordo com definição do Regulamento RBAC-E

nº 94 da Agência Nacional de Aviação Civil, tais drones são considerados "aeromodelos".

36 Estima-se, porém, que possam vir a transportar até 15 kg.

37 Regulamento RBAC-E nº 94 da Agência Nacional de Aviação Civil.

## CAPÍTULO 5

1 Considera-se como crítico o somatório percentual das avaliações recebidas como "graves" ou "muito graves".

2 NTC&Logística (2021).

3 CNT (2018).

4 *The World Bank* (2021).

5 O termo *gig* vem língua inglesa, surgido no início do século XX, nos Estados Unidos, para designar bandas e artistas que realizavam shows em datas específicas, normalmente aos finais de semana, e passavam o restante da semana exercendo a atividade laboral. Anos mais tarde, a palavra foi usada como parte do termo *gig economy* (conhecido também como *freelance economy* ou mesmo *economy on demand*), que caracteriza as relações laborais entre trabalhadores e empresas que contratam essa mão de obra para a realização de serviços esporádicos, sem vínculo empregatício (tais como freelancers e autônomos).

6 NTC&Logística (2020).

7 Importa registrar que não existe uma base nacional consolidada com estatísticas sobre a segurança no transporte de carga. O levantamento, realizado desde 1998 pela NTC&Logística, se utiliza de fontes diversas, oficiais e extraoficiais. Os reais números de sinistros ocorridos no Brasil podem, portanto, ser maiores do que os divulgados, o que se configura também como um entrave para o dimensionamento do problema e o seu adequado enfrentamento pelo setor e pelos agentes públicos.

8 CNT (2021).

9 "Fluxo livre", em tradução livre do inglês. Conhecido também como Sistema de Rodovia de Pedágio Aberto (RPA), é um método de cobrança de pedágio proporcional à distância percorrida. Nele, as praças de pedágio são desmaterializadas e substituídas por pórticos, instalados na rodovia, com a identificação automática e eletrônica dos veículos que trafegam pela rodovia.

## CONSIDERAÇÕES FINAIS

1 UNCTAD (2021).

# Referências


ABRALOG. **Condomínios logísticos abrem novo ciclo: retomamos 2013**. 2021. Disponível em: abralog.com.br/noticias/condominios-logisticos-abrem-novo-ciclo-retomamos-2013/. Acesso em: 25 mai. 2022.

ABRALOG. **Condomínios batem recorde em 2021 e superam 2 mi de m² de absorção líquida.** Disponível em: abralog.com.br/noticias/condominios-batem-recorde-em-2021-e-superam-2-mi-de-m2-de-absorcao-liquida/. Acesso em: 25 mai. 2022.

ACCENTURE. Differentiating delivery: How to win the eCommerce battle. **Accenture eTailers Research Report.** [S.l.: s.n.], 2016.

ACCENTURE. **How could last mile delivery evolve to sustainably meet customer expectations**. [S.d.]. Disponível em: accenture.com/_acnmedia/pdf-95/accenture-last-mile-delivery-meet-customer-expectations.pdf. Acesso em: 01 dez. 2021.

ACCENTURE. **The sustainable last mile.** 2021. Disponível em: accenture.com/_acnmedia/PDF-148/Accenture-Sustainable-Mile-POV.pdf. Acesso em: 23 dez. 2021.

AGÊNCIA NACIONAL DE AVIAÇÃO CIVIL (ANAC). **ANAC concede a primeira autorização para entregas comerciais com drone.** 2022. Disponível em: gov.br/anac/pt-br/noticias/2022/anac-concede-a-primeira-autorizacaopara-entregas-comerciais-com-drone. Acesso em: abr. 2022.

AGÊNCIA NACIONAL DE AVIAÇÃO CIVIL (ANAC). **Regulamento Brasileiro da Aviação Civil Especial. RBAC-E nº 94. Emenda nº 01. Requisitos gerais para aeronaves não tripuladas de uso civil**. 2021. Disponível em: anac.gov.br/assuntos/legislacao/legislacao-1/rbha-e-rbac/rbac/rbac-e-94/@@display-file/arquivo_norma/RBACE94EMD01.pdf. Acesso em: jan. 2022.

AGÊNCIA NACIONAL DE TELECOMUNICAÇÕES (ANATEL). **Compromissos de Abrangência do Leilão do 5G**. 2022. Disponível em: gov.br/anatel/pt-br/regulado/universalizacao/compromissos-do-leilao-do-5g. Acesso em: abr. 2022.

AGÊNCIA NACIONAL DE TELECOMUNICAÇÕES (ANATEL). **Espaço 5G**. 2021. Disponível em: gov.br/anatel/pt-br/assuntos/5G. Acesso em: dez. 2021.

AGÊNCIA NACIONAL DE TRANSPORTES TERRESTRES (ANTT). **RNTRC**. [s.d.]. Disponível em: portal.antt.gov.br/rntrc. Acesso em: dez. 2021.

AGÊNCIA NACIONAL DE TRANSPORTES TERRESTRES (ANTT). **Audiência Pública nº 2/2022 - Sandbox Regulatório**. Disponível em: participantt.antt.gov.br/Site/AudienciaPublica/VisualizarAvisoAudienciaPublica.aspx?CodigoAudiencia=472. Acesso em: mai. 2022.

ALMEIDA, R. A. de. **Logística Reversa no E-commerce**. Curitiba: Contentus, 2020.

ANDERSON, W. P.; CHATTERJEE, L.; LAKSHMANAN, T. R. E-commerce, transportation, and economic geography. **Growth and Change**, v. 34, n. 4, p. 415-432, 2003. DOI: 10.1046/j.0017-4815.2003.00228.x.

ASSOCIAÇÃO BRASILEIRA DE COMÉRCIO ELETRÔNICO (ABCOMM). **Pesquisa: Logística no e-commerce brasileiro**. 2019. Disponível em: abcomm.org/noticias/pesquisa-logistica-no-e-commerce-2019. Acesso em: 08 jul. 2021.

ASSOCIAÇÃO BRASILEIRA DE COMÉRCIO ELETRÔNICO (ABCOMM). **Principais Indicadores do e-Commerce**. 2022. Disponível em: dados.abcomm.org/numerosdo-ecommerce-brasileiro. Acesso em: 31 mar. 2022.

ASSOCIAÇÃO BRASILEIRA DE OPERADORES LOGÍSTICOS (ABOL). **Histórico, contextualização e perfil do operador logístico no Brasil**. 2020a. Disponível em: old.abolbrasil.com.br/pdf/1597941912.pdf. Acesso em: 20 out. 2021.

ASSOCIAÇÃO BRASILEIRA DE OPERADORES LOGÍSTICOS (ABOL). **Perfil dos operadores logísticos no Brasil**. [S.l.: s.n.], 2020b.

BALLOU, R. H. **Gerenciamento da cadeia de suprimentos/ logística empresarial**. 5. ed. Porto Alegre: Bookman, 2006.

BORNIA, A. C.; DONADEL, C. M.; LORNADI, J. A. **A logística do comércio eletrônico do B2C (business to consumer)**. *In*: Encontro Nacional de Engenharia de Produção (ENEGEP), XXVI, 2006, Fortaleza, Brasil. Anais [...]. Fortaleza/CE: ABEPRO, 2006. p. 1-8. DOI: 10.37885/201202446.

BRASIL. **Decreto nº 9.854, de 25 de junho de 2019**. Institui o Plano Nacional de Internet das Coisas e dispõe sobre a Câmara de Gestão e Acompanhamento do Desenvolvimento de Sistemas de Comunicação Máquina a Máquina e Internet das Coisas. Brasília, DF, 25 jun. 2019. Disponível em: planalto.gov.br/ccivil_03/_ato2019-2022/2019/decreto/D9854.htm. Acesso em: jan. 2022.

BRASIL. **Lei Complementar nº 116, de 31 de julho de 2003**. Dispõe sobre o Imposto Sobre Serviços de Qualquer Natureza, de competência dos Municípios e do Distrito Federal, e dá outras providências. Brasília, DF, 1 ago. 2012. Disponível em: planalto.gov.br/ccivil_03/leis/lcp/lcp116.htm. Acesso em: 23 fev. 2022.

BRASIL. **Lei Complementar nº 87, de 13 de setembro de 1996**. Dispõe sobre o imposto dos Estados e do Distrito Federal sobre operações relativas à circulação de mercadorias e sobre prestações de serviços de transporte interestadual e intermunicipal e de comunicação, e dá outras providências (Lei Kandir). Brasília, DF, 16 de setembro de 1996. Disponível em: planalto.gov.br/ccivil_03/leis/lcp/lcp87.htm. Acesso em: 23 fev. 2022.

BRASIL. **Lei nº 12.587, de 3 de janeiro de 2012**. Institui as diretrizes da Política Nacional de Mobilidade Urbana; revoga dispositivos dos Decretos-Leis nº 3.326, de 3 de junho de 1941, e 5.405, de 13 de abril de 1943, da Consolidação das Leis do Trabalho (CLT), aprovada pelo Decreto-Lei nº 5.452, de 1º de maio de 1943, e das Leis nº 5.917, de 10 de setembro de 1973, e 6.261, de 14 de novembro de 1975; e dá outras providências. Brasília, DF, 4 jan. 2012. Disponível em: planalto.gov.br/ccivil_03/_Ato2011-2014/2012/Lei/L12587.htm. Acesso em: jan. 2022.

BRASIL. **Lei nº 14.157, de 1 de junho de 2021**. Altera as Leis nº 9.503, de 23 de setembro de 1997 (Código de Trânsito Brasileiro), e 10.233, de 5 de junho de 2001, para estabelecer condições para a implementação da cobrança pelo uso de rodovias por meio de sistemas de livre passagem. Brasília, DF, 2 jun. 2021. Disponível em: planalto.gov.br/ccivil_03/_ato2019-2022/2021/Lei/L14157.htm. Acesso em: 23 fev. 2022.

BRASIL. **Lei nº 7.962, de 15 de março de 2013**. Regulamenta a Lei nº 8.078, de 11 de setembro de 1990, para dispor sobre a contratação no comércio eletrônico. Brasília, DF, 15 mar. 2013. Disponível em: planalto.gov.br/ccivil_03/_ato2011-2014/2013/decreto/d7962.htm. Acesso em: 14 set. 2021.

BRASIL. **Lei nº 8.078, de 11 de setembro de 1990**. Dispõe sobre a proteção do consumidor e dá outras providências. Brasília, DF, 11 set. 1990. Disponível em: planalto.gov.br/ccivil_03/leis/l8078compilado.htm. Acesso em: 14 set. 2021.

BRASIL. **Lei nº 9.503, de 23 de setembro de 1997**. Institui o Código de Trânsito Brasileiro. Brasília, DF, 23 set. 1997. Disponível em: planalto.gov.br/ccivil_03/leis/l9503compilado.htm. Acesso em: 13 set. 2021

CALAZANS, F. **Panorama setorial – Centros de distribuição**. São Paulo, Gazeta Mercantil, 2001.

CENTRAL INTELLIGENCE AGENCY (CIA). **The world factbook – Field listing internet users.** [S.d.]. Disponível em: cia.gov/library/publications/the-world-factbook/fields/2121.html. Acesso em: 10 fev. 2022.

CENTRO REGIONAL DE ESTUDOS PARA O DESENVOLVIMENTO DA SOCIEDADE DA INFORMAÇÃO (CETIC.br); NÚCLEO DE INFORMAÇÕES E COORDENAÇÃO DO PONTO BR (NIC.br); COMITÊ GESTOR DA INTERNET NO BRASIL (CGI.br). **Painel TIC Covid-19 – Pesquisa Sobre o uso da internet no Brasil durante a pandemia do novo coronavírus.** [S.l.: s.n.], 2020.

CHAFFEY, D. **E-business and e-commerce management: Strategy, implementation and practice**. 4. ed. Harlow, Reino Unido: Pearson, 2009.

CHIARA, M. Procuram-se galpões para dar conta da venda on-line. **O Estado de São Paulo**, São Paulo, 2 mar. 2022. Geral, p. A18-19.

CHOPRA, S.; MEINDL, P. **Gestão da cadeia de suprimentos: Estratégia, planejamento e operações**. São Paulo: Pearson Prentice Hall, 2011.

COLLIERS. **Demandas e Investimentos em Galpões Logísticos continuam em alta!** [S.l.: s.n.], 2022.

CONFEDERAÇÃO NACIONAL DO TRANSPORTE (CNT). **Agenda institucional – Transporte e logística 2022**. Brasília: CNT; SEST SENAT; ITL, 2021. Disponível em: cdn.cnt.org.br/diretorioVirtualPrd/6337a278-74a5-49d2-8235-df8589eb18bc.pdf. Acesso em: mar. 2022.

CONFEDERAÇÃO NACIONAL DO TRANSPORTE (CNT). **Logística urbana – Restrições aos caminhões?** Brasília: CNT: SEST SENAT, 2018a.

CONFEDERAÇÃO NACIONAL DO TRANSPORTE (CNT). **Pesquisa CNT de Rodovias 2021**. Brasília: CNT: SEST SENAT, 2021. Disponível em: pesquisarodovias.cnt.org.br/downloads/ultimaversao/Pesquisa_CNT_Rodovias_2021_Web.pdf. Acesso em: dez. 2021.

CONFEDERAÇÃO NACIONAL DO TRANSPORTE (CNT). **Plano CNT de Transporte e Logística 2018**. Brasília: CNT: SEST SENAT, 2018b. Disponível em: planotransporte.cnt.org.br. Acesso em: set. 2021.

CONSELHO NACIONAL DE POLÍTICA FAZENDÁRIA (CONFAZ). **Ajuste SINIEF nº 07, 30 de setembro de 2005**. 2005. Disponível em: confaz.fazenda.gov.br/legislacao/ajustes/2005/AJ007_05. Acesso em: 23 fev. 2022.

CONSELHO NACIONAL DE POLÍTICA FAZENDÁRIA (CONFAZ). **Ajuste SINIEF nº 09, 25 de outubro de 2007**. 2007. Disponível em: confaz.fazenda.gov.br/legislacao/ajustes/2007/AJ_009_07. Acesso em: 31 ago. 2021.

CONSELHO NACIONAL DE POLÍTICA FAZENDÁRIA (CONFAZ). **Ajuste SINIEF nº 21, de 10 de dezembro de 2010**. 2010. Disponível em: confaz.fazenda.gov.br/legislacao/ajustes/2010/AJ_021_10. Acesso em: 31 ago. 2021.

CONSELHO NACIONAL DE POLÍTICA FAZENDÁRIA (CONFAZ). **Ajuste SINIEF nº 23, de 10 de outubro e 2019. 2019.** Disponível em: confaz.fazenda.gov.br/legislacao/ajustes/2019/ajuste-sinief-23-19. Acesso em: 31 ago. 2021.

CORREIOS. **Cartilha comercial – Uso da radiofrequência em rastreamento de encomendas nos Correios.** [S.l.: s.n.], 2021.

CORREIOS. **Relatório Integrado Correios 2020.** [S.l.: s.n.], 2021.

CORREIOS. **Saiba mais – Correios Log+.** [S.d.]. Disponível em: correios.com.br/logistica/logistica-para-e-commerce/saiba-mais-correios-log. Acesso em: 22 mar. 2022.

COUNCIL OF SUPPLY CHAIN MANAGEMENT PROFESSIONALS. **Supply chain management terms and glossary.** 2013. Disponível em: cscmp.org/CSCMP/Educate/SCM_Definitions_and_Glossary_of_Terms.aspx. Acesso em: 18 ago. 2021.

DEITEL, H. M.; DEITEL, P. J.; STEINBUHLER, K. **e-Business e e-commerce para administradores.** São Paulo: Pearson Education, 2004.

DELOITTE. **Last mile logistics – Challenges and solutions in Spain.** 2020. Disponível em: ec.europa.eu/research-and-innovation/en/horizon-magazine/carbon-cost-homedelivery-and-how-avoid-it. Acesso em: 21 dez. 2021.

DELOITTE. **The future of freight. How new technology and new thinking can transform how goods are moved.** 2017. Disponível em: www2.deloitte.com/content/dam/insights/us/articles/3556_FoM_Future-of-freight/DUP_FoM_the-future-of-freight.pdf. Acesso em: jan. 2022.

DHL. **DHL White Paper – A sustentabilidade ambiental do e-commerce – A América Latina participará da revolução?** [S.l.: s.n.], 2021.

DHL. **Self-driving vehicles in logistics. A DHL perspective on implications and use cases for the logistics industry.** 2014. Disponível em: dhl.com/content/dam/dhl/global/core/documents/pdf/glo-core-self-driving-vehicles-trend-report.pdf. Acesso em: jan. 2022.

DHL. **The Logistics Trend Radar.** 5. ed. Troisdorf, Alemanha: DHL Customer Solutions & Innovation, 2020.

DIÓGENES, C. G. B. **Gerenciamento de Atividades de abastecimento e cross docking**. Curitiba, Contentus, 2020.

DISTRITO. **Logtech Report 2020**. 2020. Disponível em: materiais.distrito.me/mr/logtech. Acesso em: 19 de out. 2021.

DPDGROUP. **Revolução no Transporte e a Serviço do E-commerce.** [S.l], 2021. Palestra. Disponível em: youtube.com/watch?v=CQlWcYwkiKA. Acesso em: 24 set. 2021.

EBIT I NIELSEN. **42º WebShoppers.** [S.l.: s.n.], 2020.

EBIT I NIELSEN. **43º WebShoppers.** [S.l.: s.n.], 2021.

E-COMMERCE BRASIL. **Como funciona a entrega no e-commerce?** 2017. Disponível em: e-commercebrasil.com.br/artigos/entrega-no-e-commerce. Acesso em: set. 2021.

E-COMMERCE BRASIL. **Vendas em marketplace crescem acima do total de e-commerce, diz Ebit/Nielsen**. 2021. Disponível em: e-commercebrasil.com.br/noticias/vendas-em-marketplace-crescem-acima-do-total-de-e-commerce. Acesso em: 22 fev. 2022.

EUROPEAN COMMISSION. **The carbon cost of home delivery and how to avoid it**. The EU Research & Innovation Magazine: 2020. Disponível em: ec.europa.eu/research-and-innovation/en/horizon-magazine/carbon-cost-home-delivery-and-how-avoid-it. Acesso em: 20 dez. 2021.

FAREYE. **Guide to first, middle & last mile delivery 2021 : Tips to enhance delivery operations and tracking**. 2021. Disponível em: getfareye.com/insights/blog/last-mile-delivery-guide#what-is-middle-mile-delivery. Acesso em: 9 nov. 2021.

FERNANDES, M. E. **Negócios eletrônicos**. São Paulo, Pearson, 2015.

FILATRO, A. **Data Science na educação: presencial, a distância e corporativa**. São Paulo, Saraiva Educação, 2021.

FLEURY, P. F. A. **Indústria de prestadores de serviços logísticos no Brasil: caracterizando os principais operadores**. 2001. Disponível em: ilos.com.

br/web/a-industria-de-prestadores-de-servicos-logisticos-no-brasil-caracterizando-os-principais-operadores. Acesso em: 20 out. 2021.

FRANCISCO, L. F. C. **Comércio eletrônico e mídias digitais**. Curitiba: Contentus, 2020.

GAMEIRO, A. H.; CAIXETA FILHO, J. V. Administração de seguros no transporte de cargas, **RAE Eletrônica**, v. 1, n. 1, p. 1-12, 2002. DOI: 10.1590/s1676-56482002000100009.

GMC SOLUTIONS. **Transformação digital e inovação em logística e supply chain Brasil**. [S.l.: s.n.], 2020.

GÓES, G., FIRMINO, A., MARTINS, F. A **Gig economy no Brasil: Uma abordagem inicial para o setor de transporte.** 2021. Disponível em: ipea.gov.br/portal/images/stories/PDFs/conjuntura/211216_nota_5_gig_economy_brasil.pdf. Acesso em: 28 jan. 2022.

GOSHARE. **What is first mile and last mile delivery? Recent posts tweets what is first mile and last mile delivery?** 2020. Disponível em: goshare.co/what-is-first-mile-and-last-mile-delivery. Acesso em: 11 set. 2021.

ILOS. **Desafios e soluções do last mile urbano**. 2020. Disponível em: ilos.com.br/web/analise-de-mercado/relatorios-de-pesquisa/desafios-e-solucoes-do-last-mile-urbano. Acesso em: 15 jul. 2021.

IMPERIAL WAR MUSEUM. **A brief history of drones.** [s.d.]. Disponível em: iwm.org.uk/history/a-brief-history-of-drones. Acesso em: jan. 2022.

INTELIPOST. **Panorama das entregas no e-commerce.** Origem dos pedidos: onde se localizam os centros de distribuição? [s.d.]. Disponível em: intelipost.com.br/blog/panorama-das-entregas-no-e-commerce-em-2019. Acesso em: 15 dez. 2021.

INTERNATIONAL AIR TRANSPORT ASSOCIATION (IATA). **Air cargo e-commerce**. 2020. Disponível em: iata.org/contentassets/23608a1cdaa543ef877cc617ce99d21e/e-commerce-master-slides.pdf. Acesso em: 8 set. 2021.

KPMG. **E-commerce retail logistics in India**. [S.l.: s.n.], 2018.

LAUDON, K. C.; TRAVER, C. G. **E-commerce 2017: Business, technology, society**. 13. ed. Boston, Estados Unidos: Pearson, 2017.

LEINBACH, T. R.; CAPINERI, C. **Globalized freight transport: Intermodality, e-commerce, logistics, and sustainability**. Cheltenham, Reino Unido: Edward Elgar Publishing, 2007.

LIM, S. F. W. T.; JIN, X.; SRAI, J. S. Consumer-driven e-commerce: a literature review, design framework, and research agenda on last-mile logistics models, International **Journal of physical distribution and logistics management**, v. 48, n. 3, p. 308-332, 2018. DOI: 10.1108/IJPDLM-02-2017-0081.

LOGÍSTICA SEM PAPEL. **A controversa transformação digital**. [S.l.: s.n.], 2021a.

LOGÍSTICA SEM PAPEL. **Até quando a burocracia vai prejudicar o e-commerce brasileiro**. 2021b. Disponível em: logisticasempapel.com.br. Acesso em: 15 dez. 2021. Acesso em: dez. 2021.

LOGWEB. **A tecnologia evolui constantemente para permitir a recuperação de cargas roubadas e furtadas.** 2019. Disponível em: logweb.com.br/tecnologia-evolui-constantemente-para-permitir-recuperacao-de-cargas-roubadas-e-furtadas. Acesso em: 24 jan. 2022.

LOGWEB. **Last mile: OLs e transportadoras são responsáveis por buscar meios para as empresas aumentarem a capilaridade**. 2021. Disponível em: logweb.com.br/last-mile-ols-e-transportadoras-sao-responsaveis-por-buscar-meios-para-as-empresas-aumentarem-capilaridade. Acesso em: 16 dez. 2021.

LOGWEB. **Last mile: Segmento da logística onde tudo pode acontecer, até a perda do cliente em definitivo**. 2021. Disponível em: logweb.com.br/last-mile-segmento-da-logistica-onde-tudo-pode-acontecer-ate-perda-do-cliente-em-definitivo/#:~:text=julho%20de%202021-,Last%20Mile%3A%20Segmento%20da%20log%C3%ADstica%20onde%20tudo%20pode%20acontecer%2C%20at%C3%A9,perda%20do%20cliente%20em%20definitivo&text=Aqui%20podemos%20ter%20surpresas%20agrad%C3%A1veis,encomendas%20%E2%80%9Cpasseando%E2%80%9D%20pelo%20pr%C3%A9dio. Acesso em: 16 dez. 2021.

LUMARE JÚNIOR, G. **Valor econômico do cliente no transporte: Uma teoria das encomendas**. São Paulo, Pearson Prentice Hall, 2007.

MANDAÊ. **Guia completo de logística para e-commerce**. 2020. Disponível em: conteudo.mandae.com.br/logistica-para-e-commerce. Acesso em: 18 ago. 2021.

MCKINSEY & COMPANY. **DTC e-commerce: How consumer brands can get it right**. 2021a. McKinsey. Disponível em: mckinsey.com/business-functions/marketing-and-sales/our-insights/the-six-must-haves-to-achieve-breakthrough-growth-in-e-commerce-d2c. Acesso em: 16 fev. 2022.

MCKINSEY & COMPANY. **How e-commerce share of retail soared across the globe: A look at eight countries**. 2021b. Disponível em: mckinsey.com/featured-insights/future-of-work/the-future-of-work-after-covid-19. Acesso em: 10 fev. 2022.

MCKINSEY & COMPANY. **Parcel delivery. The future of last mile. Travel, transport and logistics**. [S.l.: s.n, ], 2016.

MCKINSEY & COMPANY. **Same-day delivery: The next evolutionary step in parcel logistics**. 2014. Disponível em: mckinsey.com.br/industries/travel-logistics-and-infrastructure/our-insights/same-day-delivery-the-next-evolutionary-step-in-parcel-logistics. Acesso em: 26 out. 2021.

MCKINSEY & COMPANY. **The six must-haves to achieve breakthrough growth in e-commerce D2C**. 2021c. Disponível em: mckinsey.com/business-functions/marketing-and-sales/our-insights/the-six-must-haves-to-achieve-breakthrough-growth-in-e-commerce-d2c. Acesso em: 16 fev. 2022.

MCKINSEY & COMPANY. **Unlocking the omnichannel opportunity in contract logistics**. 2021d. Disponível em: mckinsey.com/industries/travel-logistics-and-infrastructure/our-insights/unlocking-the-omnichannel-opportunity-in-contract-logistics. Acesso em: 16 fev. 2022.

MINISTÉRIO DA INDÚSTRIA COMÉRCIO EXTERIOR E SERVIÇOS. **Estudo comparativo sobre comércio eletrônico nas pequenas e médias empresas no Brasil e União Europeia**. Brasília: Ministério da Indústria, Comércio Exterior e Serviços, 2016.

MUNDO LOGÍSTICA. **Especialista explica como usar blockchain na logística**. 2018. Disponível em: revistamundologistica.com.br/entrevistas/especialista-explica-como-usar-blockchain-na-logistica. Acesso em: 26 nov. 2021.

NATIONAL HIGHWAY TRAFFIC SAFETY ADMINISTRATION (NHTSA). **Automated vehicles for safety. The road to full automation.** 2022. Disponível em: nhtsa.gov/technology-innovation/automated-vehicles-safety#topic-road-self-driving. Acesso em: jan. 2022.

NEOTRUST; COMPRE & CONFIE; CAMARA-E.NET. **MCC-ENET – Comércio varejista.** 2021. Disponível em: mccenet.com.br/comercio-varejista. Acesso em: 2 ago. 2022.

NOVAES, A. G. **Logística e gerenciamento da cadeia de distribuição.** 11. ed. Rio de Janeiro: Elsevier, 2007.

NTC&LOGÍSTICA. **Manual de cálculo de custos e formação de preços do transporte rodoviário de cargas – 2014.** Disponível em: portalntc.org.br/wp-content/uploads/Manual-de-Calculo-de-Custos-e-Formacao-de-Precos-do-Transporte-Rodoviario-de-Cargas.pdf. Acesso em: 16 nov. 2021.

NTC&LOGÍSTICA. **Restrições municipais | 2021.** 2021. Disponível em: portalntc.org.br/wp-content/uploads/ZMRC_0421.pdf. Acesso em: 15 jul. 2021.

NTC&LOGÍSTICA. **Roubo de cargas – Panorama nacional – 2020.** 2020. Disponível em: portalntc.org.br/wp-content/uploads/Apresentacao-Roubo-de-Cargas-2020-2.pdf. Acesso em: 15 jul. 2021.

OBSERVATÓRIO DAS METRÓPOLES. **Mapa da motorização individual no Brasil 2019.** 2019. Disponível em: observatoriodasmetropoles.net.br/wp-content/uploads/2019/09/mapa_moto2019v2.pdf. Acesso em: 10 set. 2021.

OPINION BOX. **Experiência de compra no e-commerce.** 2019. Disponível em: blog.opinionbox.com/experiencia-de-compra-online-pesquisa-exclusiva. Acesso em: 21 ago. 2021.

ORGANIZAÇÃO PAN-AMERICANA DA SAÚDE (OPAS). **Histórico da pandemia de covid-19.** Disponível em: paho.org/pt/covid19/historico-da-pandemia-covid-19. Acesso em: dez. 2021.

PARKER, G. G., ALSTYNE, M. W. Van, CHOUDARY, S. P. **Plataforma: a revolução da estratégia.** São Paulo: HSM do Brasil, 2016.

PIPELINE CAPITAL. **Scape Report – E-commerce 2021**. 2021. Disponível em: conteudo.pipeline.capital/scape-e-commerce-2021. Acesso em: 29 nov. 2021.

PLANNING AND TRANSPORT RESEARCH CENTER (PATREC). **Planning intermodal and general logistics infrastructure for the future needs of Perth: Telemetry systems for tracking road freight activity. iMOVE Project 2.001.** 2019. Disponível em: patrec.org/wp-content/uploads/2020/04/IMOVE-2.001-Telemetry-systems-for-tracking-road-freight-activity-consolidated.pdf. Acesso em: jan. 2022.

PONTES, H., LOPES, J., ALBERTIN, M. R. **Logística e distribuição física.** Curitiba, Intersaberes, 2017.

PROMOB-E. **Ciclologística: entregas por bicicleta na última milha. Relatório técnico final.** 2020. Disponível em: aliancabike.org.br/wp-content/uploads/docs/2021/02/Ciclologistica-entregas-por-bicicleta-na-ultima-milha.pdf. Acesso em: 21 dez. 2021.

PUNEL, A., ERMAGUN, A., STATHOPOULOS, A. Studying determinants of crowd-shipping use, **Travel BEHAVIOUR AND SOCIETY**, v. 12, n. March, p. 30-40, 2018. DOI: 10.1016/j.tbs.2018.03.005.

PWC. **Blockchain in Logistics**. 2020a. Disponível em: pwc.de/de/strategie-organisation-prozesse-systeme/blockchain-in-logistics.pdf. Acesso em: 26 nov. 2021.

PWC. **Global Consumer Insights Survey 2018 – Entrega rápida, flexível e confiável.** 2018. Disponível em: pwc.com.br/pt/setores-de-atividade/varejo-e-consumo/assets/2018/06_Envio_e_entrega.pdf. Acesso em: 25 ago. 2021.

PWC. **Global Consumer Insights Survey 2020**. 2020b. Disponível em: pwc.com/gx/en/consumer-markets/consumer-insights-survey/2020/consumer-insights-survey-2020.pdf. Acesso em: 25 ago. 2021.

PWC. **The future of consumer markets**. 2021. Disponível em: pwc.com/gx/en/consumer-markets/future-of-consumer-markets/future-of-consumer-markets-report-2021.pdf. Acesso em: 16 fev. 2021.

QUINTELLA, M., SUCENA, M. A percepção dos clientes sobre a qualidade da logística do e-commerce. **Boletim Transportes em Foco**, v. 4, 2022.

RAZOLLINI FILHO, E. **Logística empresarial no Brasil: Tópicos especiais.** Curitiba, Intersaberes, 2012.

RETAILX. Brazil 2020. **E-commerce country report.** [S.l: s.n.], 2020.

REVISTA LOGÍSTICA & SUPPLY CHAIN. **Drones são a nova tecnologia para vencer roubos de carga.** [S.d.]. Disponível em: revistalogistica.com.br/logistica/noticias/3019-drones-sao-a-nova-tecnologia-para-vencer-roubos-de-carga. Acesso em: 24 jan. 2022.

SÃO PAULO (município). **Decreto no 56.920, de 8 de abril de 2016**. Estabelece conceitos e normas para o trânsito de caminhões no Município de São Paulo. São Paulo, SP, 15 abr. 2016. Disponível em: legislacao.prefeitura.sp.gov.br/leis/decreto-56920-de-08-de-abril-de-2016. Acesso em: 13 set. 2021.

SÃO PAULO (município). **Portaria nº 137/18-SMT.GAB**. 2018. Disponível em: cetsp.com.br/media/722444/p-137_18.pdf. Acesso em: 13 set. 2021.

SERVIÇO BRASILEIRO DE APOIO ÀS MICRO E PEQUENAS EMPRESAS (SEBRAE); DEPARTAMENTO INTERSINDICAL DE ESTATÍSTICA E ESTUDOS SOCIOECONÔMICOS (DIEESE). **Anuário do trabalho na micro e pequena empresa: 2013**. Brasília: Dieese, 2013.

SILVA, B. T. **Fatores que Afetam o Roubo de Cargas no Last Mile do Comércio Eletrônico**. 2019. Dissertação (Mestrado em Engenharia Mecânica) – Centro Universitário FEI, São Bernardo do Campo, 2016. 250 p.

SINDICATO DAS EMPRESAS DE TRANSPORTES DE CARGA DE SÃO PAULO E REGIÃO (SETECESP). **Tecnologia já evita mais de 90% dos roubos de cargas no Brasil.** 2017. Disponível em: setcesp.org.br/noticias/tecnologia-ja-evita-mais-de-90-dos-roubos-de-cargas-no-brasil. Acesso em: 24 jan. 2022.

SOCIEDADE BRASILEIRA DE VAREJO E CONSUMO (SBVC). **Ranking SBVC – 70 Maiores Empresas E-commerce Brasileiro**. 2017. Disponível em: sbvc.com.br/wp-content/uploads/2017/10/Ranking-70-Maiores-Empresas-do-E-commerce-Brasileiro-2017.pdf. Acesso em: 25 ago. 2021.

SOCIEDADE BRASILEIRA DE VAREJO E CONSUMO (SBVC). **Ranking. Um Estudo Completo sobre o Setor. 300 Maiores Empresas Varejo Brasileiro 2021**. 7. ed. 2021. Disponível em: sbvc.com.br/wp-content/uploads/2021/08/Ranking-SBVC_2021_final-atualizado.pdf. Acesso em: 13 dez. 2021.

STEFANO, N., ZATTAR, I. C. **E-commerce: Conceitos, Implementação e Gestão.** Curitiba, Intersaberes, 2016.

THE WORLD BANK. **Connecting to Compete 2018. Trade Logistics in the Global Economy. The Logistics Performance Index and Its Indicators.** Washington: 2018. Disponível em: openknowledge.worldbank.org/bitstream/handle/10986/29971/LPI2018.pdf. Acesso em: 13 dez.2021.

THE WORLD BANK. **Doing Business 2020. Comparing Business Regulation in 190 Economies.** Washington: 2020. Disponível em: openknowledge.worldbank.org/bitstream/handle/10986/32436/9781464814402.pdf. Acesso em: dez.2021.

THE WORLD BANK. **Doing Business Subnacional Brasil 2021.** Washington: 2020. Disponível em: doingbusiness.org/content/dam/doingBusiness/media/Subnational/DB2021_SNDB_Brazil_Full-report_Portuguese.pdf. Acesso em: 22 fev. 2022.

THE WORLD BANK. **Doing Business Subnacional Brasil 2021.** Washington: 2020. Disponível em: https://blogs.worldbank.org/psd/four-years-and-counting-what-weve-learned-regulatory-sandboxes. Acesso em: 25 mai. 2022.

TOMORROW'S WORLD TODAY. **What Are the 6 Levels of Autonomy?** 2022. Disponível em: tomorrowsworldtoday.com/2021/09/12/what-are-the-6-levels-of-autonomy. Acesso em: jan. 2022.

TOMTOM. **Our methodology.** [S.d.]. Disponível em: tomtom.com/en_gb/traffic-index/about. Acesso em: 22 fev. 2022.

TOMTOM. **Traffic Index Traffic Index results**. 2021. Disponível em: tomtom.com/en_gb/traffic-index/ranking/?country=BR. Acesso em: 22 fev. 2022.

TURBAN, E.; OUTLAND, J.; KING, D., et al. **Electronic Commerce 2018**. 9. ed. [s.l]: Springer International Publishing, 2018.

UK PRESIDENCY. **COP26. The Glasgow Climate Pact. UN Climate Change Conference UK 2021 in Partnership with Italy.** Glasgow: 2021. Disponível em: ukcop26.org/wp-content/uploads/2021/11/COP26-Presidency-Outcomes-The-Climate-Pact.pdf. Acesso em: dez. 2021.

UNITED NATIONS (UN). **Standard country or area codes for statistical use (M49)**. [S.d.]. Disponível em: unstats.un.org/unsd/methodology/m49. Acesso em: 11 fev. 2022.

UNITED NATIONS (UN). **World Urbanization Prospects – The 2018 Revision**. 2018. Disponível em: population.un.org/wup/Publications/Files/WUP2018-Report.pdf. Acesso em: 08 set. 2021.

UNITED NATIONS CONFERENCE ON TRADE AND DEVELOPMENT (UNCTAD). **Covid-19 and E-commerce. A Global Review. eTrade for all.** Nova York, Estados Unidos: 2021. Disponível em: unctad.org/webflyer/covid-19-and-e-commerce-global-review. Acesso em: dez.2021.

UNITED NATIONS CONFERENCE ON TRADE AND DEVELOPMENT (UNCTAD). **The UNCTAD B2C E-commerce Index 2020. Spotlight on Latin America and the Caribbean. UNCTAD Technical Notes on ICT for Development. nº 17.** 2020. Disponível em: unctad.org/system/files/official-document/tn_unctad_ict4d17_en.pdf. Acesso em: 13 dez.2021.

VENCESLAU, I. **Correios, logística e uso do território: o serviço de encomenda expressa no Brasil**. 2016. Dissertação (Mestrado em Geografia) – Universidade de São Paulo, São Paulo, 2016. 250 p.

VIEIRA, J. G. V., FRANSOO, J. C., CARVALHO, C. D. Freight distribution in megacities: Perspectives of shippers, logistics service providers and carriers, **Journal of Transport Geography**, v. 46, p. 46-54, 2015. DOI: 10.1016/j.jtrangeo.2015.05.007.

WORLD ECONOMIC FORUM. **The Future of the Last-Mile Ecosystem. World Economic Forum**. 2020. Disponível em: weforum.org/reports/the-future-of-the-last-mile-ecosystem. Acesso em: 18 nov. 2021.

# Índice

## Símbolos



## A



## B



## C

## G



## I



## L



## M



## N



## O

Este livro foi impresso nas oficinas gráficas da Editora Vozes Ltda.,
Rua Frei Luís, 100 – Petrópolis, RJ.